KB265694

BSC를 활용한 출연연구기관 기관평가제도의 유효성

기관평가지표분석을 중심으로

출연연구기관

기관평가제도의 유효성

기관평가지표분석을 중심으로

김병태 지음

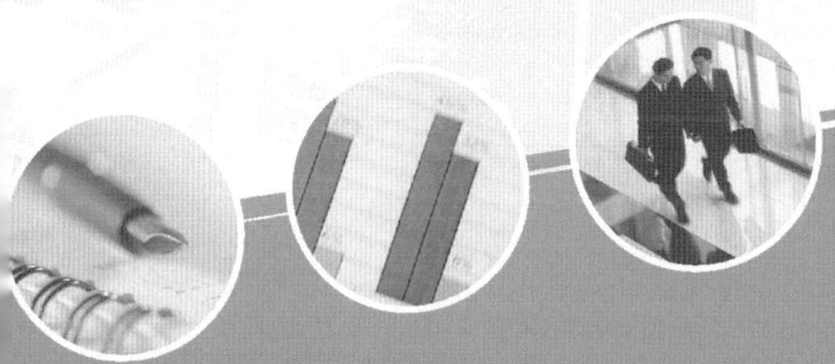

한국학술정보㈜

| 책 머리에 |

기관평가제도는 경영관리과정의 최종단계로 평가결과에 의한 인센티브 부여와 피드백 과정을 갖는 경영관리의 중심 분야임에도 불구하고 아직까지 정부 출연연구기관의 기관평가제도에 대한 유효성 평가에 대한 실증분석이 없는 실정이다. 왜냐하면, 기관평가제도의 유효성은 출연연구기관의 경영개선 노력과 성과로 측정할 수 있으나, 무형적인 경영개선 노력을 직접 측정할 수단을 찾기가 어려우며 경영개선 성과를 평가할 기준을 설정하기도 쉽지 않기 때문이다.

이 책은 저자의 박사학위논문을 도서의 형태로 꾸민 것으로 기관평가제도의 유효성 분석시 Balanced Score Card(BSC) 모형을 활용하였다. BSC를 활용한 이유는 출연연구기관의 각기 다른 평가제도를 BSC 모형의 관점으로 정리하여 분석할 수 있을 뿐만 아니라 BSC모형의 관점의 가중치를 통하여 미션과의 관계를 분석할 수 있기 때문이다.

이 책의 핵심적인 내용은 다음과 같다. 첫째, 3개 연구회별로 미션과 비전이 다르기 때문에 BSC를 구성하는 관점간의 가중치가 다르다는 기본적인 가정이 통계적으로 유의한 결과를 얻음으로써 출연연구기관의 기관평가시 BSC를 활용할 수 있는 토대를 마련하였다고 본다. 연구회별로 미션과 비전이 다른 연구회 소속 연구기관은 미션과 비전을 달성하기 위하여 전략수립과 실행 사이에서 의사결정시 방향성을 제시할 수 있다. 즉, 기초기술연구회에서는 연구회의 미션 설정과 소속 연구기관의 미션을 달성하기 위한 노력의 결과에서 최소한 단기성과물보다는 장기성과물에 주력하였고 산업기술연구회와 소속 연구기관은 장기성과물에 주력하였다는 결과를 통계적으로 검증하였다. 이러한 결과는 추후 출연연구기관의 기관평가지표에 대한 각 지표별 가중치(weight)와 지표 문항 개선시 유용한 자료로 활용되리라 본다.

둘째, 공공기관인 출연연구기관의 성과평가를 위하여 BSC를 활용했다. 영리기업을 대상으로 BSC를 활용한 기존 자료는 다수 있지만, 출연연구기관을 대상으로 BSC를 활용하여 관점을 제시한 후 기관평가제도의 유효성을 제시한 기존 자료는 찾아볼 수 없었다. Kaplan의 기본모형인 4개 관점에서 추가하거나 대체하여 6개 관점을 제시하였다. 또한, 기존 자료에서는 산업별 BSC모형 도출과 각 관점간의 인과관계를 설명하기 위하여 관점을 도출할 때 Kaplan과 Norton의 관점을 그대로 적용하거나 객관적인 기준이나 판단기준을 제공하지 않고 관점을 확정하였다. 이 책은 선행연구와 문헌조사로 제시된 6개 후보 관점[재무관점, 고객관점(장기성과고객관점, 단기성과고객관점), 내부프로세스관점(연구관리관점, 전략방향관점), 인적자원관점]을 대상으로 관련 전문가에게 델파이법(Delphi Method)을 통하여 확정하여서 기존 연구보다는 객관적이라고 본다.

셋째, 기존 평가제도와 피평가자가 원하는 기관평가제도를 동시에 비교·분석하였다. 향후 현행 기관평가제도의 개정시 연구기관의 특성을 고려한 관점의 가중치에 대한 의사결정의 틀을 마련하였다고 본다.

모쪼록, 출연연구기관이 기관평가제도 연구, 비영리기관의 BSC연구에 관심이 있는 독자들에게 이 책이 조금이라도 도움이 되기를 바라며, 이 책의 발간과 교정을 위해 수고해주신 분들께 감사를 드린다.

2007년 12월
저자의 연구실에서 김병태

| 차 례 |

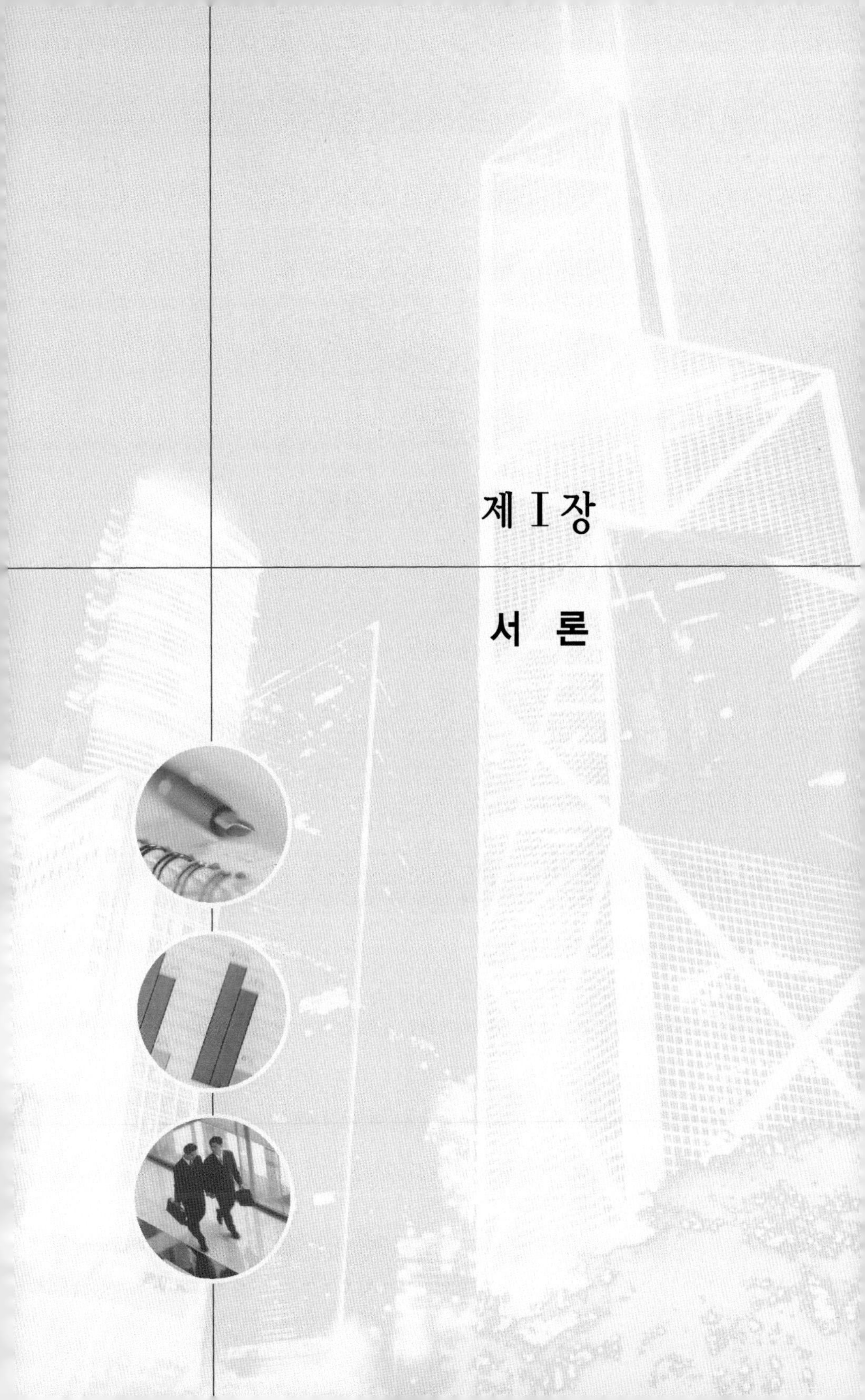

제 I 장

서 론

제1절 연구의 필요성

기관평가는 기관의 활동 및 업무 전반에 대한 평가로 사전에 설정된 기준과 사후에 평가된 성과를 비교하여 평가한 결과에 따라 기관의 예산배분과 기관장의 임면·연봉의 차등 지급 등 인센티브를 부여하여 기관의 효율과 효과를 증진시키고 미래 조직 활동의 성과를 향상시키는 경영통제과정의 주요 단계이다. 기관평가과정은 평가기준을 설정하고 평가한 후 기준과 실적 간의 차이를 분석하여 원인을 규명하고 실적에 대한 인센티브의 결정과 피드백 등 이에 대한 적절한 조치를 취함으로써 종료된다.

정부출연연구기관의 기관평가제도를 간략히 살펴보면, 연구기관의 연구실적과 경영실적을 자체평가와 외부평가를 거쳐 국무총리 및 기획예산처장관에게 제출하고 그 결과에 따라 출연연구기관의 6조 9,739억 원에 달하는 예산 배분 시 차등 적용, 43개 연구기관장의 임면과 연봉의 차등 적용, 각종 인센티브 부여 등으로 활용하고 있다.(한국과학기술기획평가원, 2004)

그러나 이민형(2001)에 의하면, 1999년 이후 출연연구기관의 기관평가 결과에 대하여 매년 출연연구기관은 결과에 대한 수용보다는 불만을 제기하고 있다. 현행 기관평가제도의 대표적인 문제점은 각 연구기관의 특성을 고려하여 평가지표를 차등화하는 것이 아니라 일률적으로 평가지표를 적용한다는 점과 연구기관의 구성원들이 기관평가지표를 사전에 합의하는 단계가 없다는 것이다. 이러한 주장은 본 연구에서 피평가자를 대상으로 실시한 설문결과에서도 확인된 바 있다.[1]

기관평가제도는 경영관리과정의 최종단계로 평가결과에 의한 인센티브 부여와 피드백과정을 갖는 경영관리의 중심분야임에도 불구하고 아직까지 정부출연연구기관의 기관평가제도에 대한 유효성 평가에 대한 실증연구가 없는 실정이다. 기관평가제도의 유효성은 출연연구기관의 경영개선 노력과 성과로 측정할 수 있으나, 무형적인 경영개선 노력을 직접 측정할 수단을 찾기가 어려우며 경영개선 성과를 평가할 기준을 설정하기도 쉽지 않다.(김일섭, 1991) 그 대신 기관평가제도의 유효성은 기관평가지표가 기관성과를 평가하기에 적절하게 구성되었는지의 여부와 연구기관의 의견이 반영되었는지 여부로 간접적인 평가를 할 수 있겠다.

기관평가제도의 유효성 분석 시 Balanced Scorecard(이하 BSC라고 한다) 모형을 활용할 수 있다. BSC를 활용하는 이유는 재무적 지표와 비재무적 지표를 동시에 고려할 수 있으며, 조직의 미션과 비전 및 이를 구현하기 위한 모든 요소를 여러 관점(perspectives)에서 균형되게 평가할 수 있기 때문이다. BSC의 핵심 구성요소들인 미션과 비전, 관점, 핵심성공요인, 성과지표들은 긴밀한 인과관계로 연계되어 있어 자신의 노력과 성과에 대한 결과와 원인을 파악할 수 있다. 특히, 기관운영에 대한 기본방향을 제시하여 구성원에 대한 이해와 공감을 불러일으켜 구성원들의 전략을 달성하기 위한 성과지표 도출 시 합의를

---

1) 상세한 설문결과의 내용은 부록 4에서 정리하였다.

이끌어 낼 수 있다. 이러한 인과관계(cause & effects)는 조직 구성원에게 어떻게 조직의 미션과 비전이 그들의 일상 업무와 연계되는지를 확인할 수 있어 업무에 대한 책임이 분명해지고 성과에 대한 보상을 객관화하는 근거로 사용될 수 있다.

선진국의 경우 공공부문의 성과측정 도구로 BSC를 널리 활용하고 있다. 미국은 1993년부터 성과관리제도를 위한 정부성과관리법(Government Performance & Results Act)을 제정하여 시행하고 있으며, 이와 관련하여 연방정부를 비롯한 많은 공공기관들이 BSC를 도입하고 있다. 싱가포르는 모든 공기업에 BSC의 도입을 추진 중에 있으며, 정부기관의 35%가 의무적으로 도입하였고 자율적으로 도입한 기관을 합치면 70%에 이르고 있다.(김순기·정순여, 2002) OECD 가입국 통계에 따르면, BSC도입 비율이 제조업 12%, 통신 6%, 금융 5%인 데 반해 공공부문은 20%대를 기록하고 있다.(OECD, 2003)

경영성과와 성과동인에 대한 새로운 시각을 제시한 Kaplan과 Norton의 BSC를 활용하여 출연연구기관을 대상으로 한 기관평가제도의 유효성 연구를 수행하여 현행 기관평가지표가 연구기관의 특성을 고려하였는지 여부를 검증할 수 있다고 본다.[2] 이러한 검증결과는 현행 출연연구기관의 기관평가제도의 평가지표체계의 개선의 필요성 여부와 개선방향을 제시할 수 있으리라 본다.

---

2) 국내의 기존 논문은 특정산업을 대상으로 영리기업의 인과관계를 검증하였다.(제3장 제2절 2 BSC 실증연구 부분 참조)

제2절 연구의 목적

본 연구의 목적은 출연연구기관의 현행 기관평가제도가 유효한지 여부를 검증하는 것이다. 기관평가제도의 유효성은 기관의 경영개선 노력의 정도를 성과로 측정할 수 있으나, 무형적인 경영개선 노력을 직접적으로 측정할 수 있는 수단을 찾기가 쉽지 않다. 본 연구에서는 기관평가제도의 유효성을 간접적으로 평가지표가 기관성과를 평가하기에 적절하게 구성되었는지의 여부와 피평가자의 의견이 반영되었는지 여부로 측정한다.

구체적으로 본 연구를 통해 연구하고자 하는 내용은 다음과 같다. 첫째, 연구기관의 특성을 고려한 BSC 모형을 도출한다. BSC 모형을 도출하기 위해서는 일반적인 영리기관과는 달리 비영리 연구기관으로서 정부출연연구기관의 특성과 개별 연구기관의 미션이 반영된 관점의 도출이 필요하다. 출연연구기관의 미션과 비전을 고려하여 Kaplan과 Norton이 제시한 4가지 관점에서 새로운 관점을 추가하거나 대체하여 출연연구기관을 분석할 수 있는 관점을 도출한다.

둘째, 현행 기관평가제도의 평가지표를 도출된 관점에 따라 재분류하여 BSC 모형의 틀로서 변환한다. 기관평가지표를 관점별로 재분류한 것은 현행 평가제도가 연구기관의 특성이 반영되었는지 여부를 동일한 평가지표의 틀로서 검증하기 위함이다.

셋째, 연구회별로 관점 간의 가중치(weight) 분석으로 기존의 기관평가제도가 연구기관의 특성이 고려되었는지 여부를 알아본다.[3] 연구회별로는 서로 다른 미션이 설정되었으며, 이러한 미션을 달성하기 위

---

3) 연구회에 관한 자세한 사항은 제2장 제1절 부분 참조.

해서는 연구회별로 관점 간의 가중치에서 차이가 있을 것이다. 연구회 간 관점의 가중치 분석과 연구회별 관점의 가중치 분석을 실시하여 연구회별로 소속된 연구기관의 특성이 반영되었는지 여부를 측정한다.

넷째, 연구의 필요성에서 언급한 것처럼 기존평가제도에 대한 피평가자의 불만이 있으므로 기존평가제도와 피평가자의 의견이 반영된 평가제도의 차이로 살펴본다. 이민형(2001) 및 본 연구의 설문조사(부록 4 참조)에서 살펴본 바와 같이, 피평가자는 기존평가제도에 대하여 불만을 표시하고 있다. 본 연구에서는 기존평가제도와 피평가자의 의견이 반영된 차이를 살펴봄으로써 기존연구의 주장을 실증적으로 분석한다.

다섯째, 향후 기관평가제도의 개선을 위한 분석을 실시한다. 이를 위하여 연구기관의 특성을 고려한 새로운 관점을 제시하고 연구회별로 개별 연구기관의 특성분석을 통하여 연구회의 구성이 적정한지 여부를 살펴본다.

제3절 연구의 방법

본 연구의 목적을 달성하기 위하여 세부적인 방법론은 다음과 같다. 첫째, 선행연구를 통하여 공공연구기관의 BSC 기본모형을 도출한다. 출연연구기관 및 연구회의 설립목적과 법적 설립근거로 미션을 분석하여 본 연구의 대상인 우리나라 출연연구기관의 BSC 모형을 도출한다.

둘째, 우리나라 출연연구기관의 BSC 모형을 이용하여 기존평가지표를 변환한다. 변환하는 방법으로는 출연연구기관의 기관평가에 경험이 있는 전문가의 의견을 종합하는 방법, 즉 델파이법(Delphi Method)으로 평가지표를 관점별로 재분류한다.

셋째, 기존평가지표의 가중치를 관점별로 분류한 후 합계하여 기존평가제도의 가중치 가설을 검증한다.

넷째, 피평가자의 설문조사를 통하여 피평가기관의 의견이 반영된 평가지표의 가중치 가설을 검증한다. 연구기관의 의견이 반영되었는지 여부에 대한 검증은 기존평가제도와 연구기관 종사자가 배점한 평가제도의 관점 간 가중치의 우선순위가 일치하는지 여부로 분석한다. 이상에서 살펴본 연구의 목적과 방법을 요약하면 〈그림 1−1〉과 같다.

〈그림 1−1〉 연구의 목적과 방법

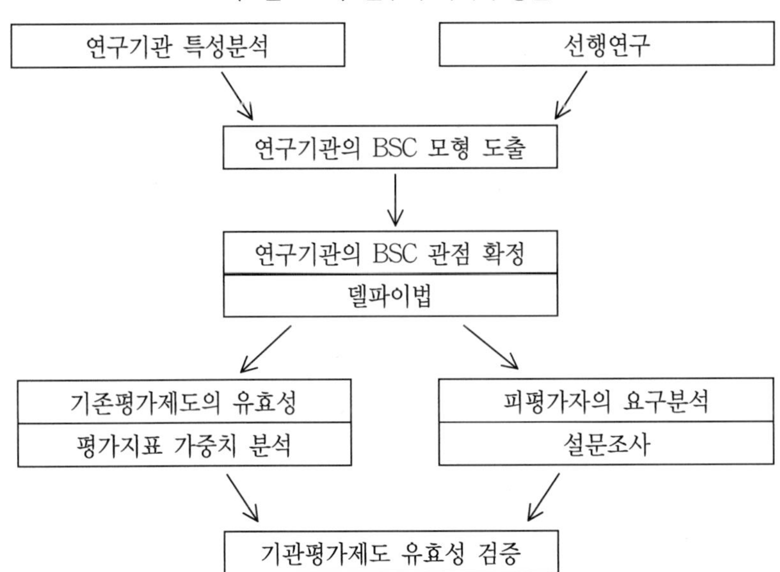

제Ⅱ장

출연연구기관 기관평가제도 개관

제1절 출연연구기관 개요

1. 출연연구기관 개념

출연기관은 운영비, 사업비 등 기관의 소요경비를 정부출연금으로 지원받는 기관이며, 수행하는 사업의 특성에 따라 출연연구기관과 비출연연구기관으로 구분된다. 정부출연금은 국가가 해야 할 사업이지만 여건상 정부가 직접 수행하기 어렵거나 또는 민간이 이를 대행하는 것이 보다 효과적이라고 판단될 때 이러한 사업을 수행하는 자에 대하여 국가가 이를 조성하고 재정상 원조를 할 목적으로 법령에 근거하여 민간에 반대급부 없이 자금을 지원하는 것을 말한다.(기획예산처, 홈페이지)

출연연구기관은 정부출연연구기관 등의 설립·운영 및 육성에 관한 법률, 개별법, 민법 등에 의하여 비영리독립법인으로 설립되고 그 운영재원의 상당 부분을 정부로부터 출연금 형태로 받아 운영된다. 출연연구기관은 정부가 연구소를 소유·운영하는 정부연구소 형태, 비영리법인들이 정부와의 계약에 의해 연구비를 지원받아 자율적으로 연구소를 운영하는 형태로 나누어지는데, 현행 국·공립연구기관은 전자와 유사하고 출연연구기관은 후자와 유사하다.

「정부출연연구기관등의설립·운영및육성에관한법률」 제2조에 따르면, 출연연구기관은 '정부가 출연하고 연구를 주된 목적으로 하는 기관'으로 정의된다. 즉 인문, 경제, 과학 등 사회의 각 분야에 대한 연구를 수행하거나 연구를 지원하는 기관을 의미한다. 다양한 출연연구기관들 중 과학기술계 출연연구기관이라 함은 과학기술부 산하 8개 출연연구기관들과 과학기술계 3개 연구회 소관 20개 출연연구기관들을 의미한다.

2. 연구회별 분류기준

현행 정부출연기관은 각 부처의 산하 출연연구기관 중 일부 출연연구기관을 제외한 43개 기관이 국무총리실 산하 5개 연구회에 속하여 관리감독을 받고 있다.4) 5개 연구회는 정부가 출연하고 정부출연연구기관의 지원·육성 및 관리를 주된 목적으로 하는 기관으로 정부의 출연금을 기관의 운영재원으로 활용할 수 있는 근거를 마련하고 있다. 2004년 현재 정부출연연구기관은 1999년 연구회 설립 시 「정부출연연구기관등의설립·운영및육성에관한법률」 제18조와 연구회 정관 제4조에 따라 〈표 2-1〉과 같이 5개 연구회, 즉 인문사회연구회, 경제사회연구회, 기초기술연구회, 공공기술연구회, 산업기술연구회로 분류되었다.

연구기관은 크게 인문사회연구기관과 과학기술연구기관으로 분류되

---

4) 1999년 연구회 설립 전까지는 각 부처 산하에 소속되었다.

며 인문사회연구기관은 2개 연구회로, 과학기술연구기관은 3개 연구회로 분류된다. 과학기술계 연구기관의 경우 분류는 인문사회계 연구기관이 분류보다 분류기준에 애로사항이 많았다. 즉 1차로 OECD 권고기준인 연구개발단계(research & development stage)와 기술발전단계(technology development stage)에 따른 분류로 기초연구, 응용연구, 개발연구로 구분하여 각 연구기관에서 수행하는 연구과제의 성격에 따라 3개 연구회로 구분하였다. 2차로 연구회 소속에 이견이 있는 기관은 국무총리실과 협의 후 최종 결정하였다.[5] (유성재 외, 2002)

<표 2-1> 연구회별 연구기관의 분류 현황

연구회	연구기관
인문사회 연구회	통일연구원, 한국형사정책연구원, 한국행정연구원, 한국교육개발원, 한국교육과정평가원, 한국청소년개발원, 한국직업능력개발원, 한국법제연구원, 한국여성개발원(9개 기관)
경제사회 연구회	한국개발연구원, 한국조세연구원, 대외경제정책연구원, 과학기술정책연구원, 에너지경제연구원, 산업연구원, 정보통신정책연구원, 한국보건사회연구원, 한국노동연구원, 한국해양수산개발원, 교통개발연구원, 한국환경정책평가연구원, 한국농촌경제연구원, 국토연구원(14개 기관)
기초기술 연구회	한국과학기술연구원, 한국기초과학지원연구원, 한국천문연구원, 한국생명공학연구원(4개 기관)

---

5) 과학기술활동조사 보고서에 따르면, 기초연구는 특정한 응용 또는 사용을 목표로 하지 않고 자연현상 및 관찰 가능한 사물의 기초가 되는 새로운 과학적 지식을 획득하기 위하여 주로 행하여지는 실험실적 또는 이론적 연구로 정의되며, 응용연구는 주로 특수한 실용적인 목적과 목표하에 새로운 과학적 지식을 획득하기 위하여 행해지는 독창적인 연구를 수행하는 연구로 정의되고, 개발연구는 연구와 실험적 경험에 의해 획득한 지식을 활용하여 새로운 재료·제품과 장치의 생산, 새로운 공정·시스템 또는 서비스의 설치, 기타 이미 생산되었거나 설치된 것을 실질적으로 개선하기 위한 체계적 활동을 수행하는 연구로 정의하고 있다.

연구회	연구기관
공공기술 연구회	한국항공우주연구원, 한국해양연구원, 한국에너지기술연구원, 한국지질자원연구원, 한국건설기술연구원, 한국철도기술연구원, 한국표준과학연구원, 한국과학기술정보연구원(8개 기관)
산업기술 연구회	한국한의학연구원, 한국생산기술연구원, 한국전자통신연구원, 한국식품개발연구원, 한국기계연구원, 한국전기연구원, 한국화학연구원, 국가보안기술연구소(8개 기관)

과학기술계 3개 연구회의 분류기준과 주요기능은 「정부출연연구기관등의설립·운영및육성에관한법률」 제18조와 연구회 정관 제4조에 명시되었다.[6] 기초기술연구회는 기초기술 분야의 연구기획과 소속 연구기관의 연구실적 및 경영내용의 대한 평가를 지원하고, 산업기술연구회는 산업기술 분야의 연구기획과 소속 연구기관의 연구실적 및 경영내용에 대한 평가를 지원하고, 공공기술연구회는 공공(公共)기술 분야의 연구기획과 소속 연구기관의 연구실적 및 경영내용에 대한 평가를 지원하는 기능을 수행하고 있다.(3개 연구회 정관 제4조)

3. 과학기술계 출연연구기관 현황

2003년 현재 과학기술계 출연연구기관은 〈표 2-2〉과 같이 연구회 소속 기관 20개와 과학기술부 산하 8개 기관으로 총 28개 기관이 있다. 과학기술부 소속 출연연구기관은 과학기술부가 설립한 3개 교육기관, 원자력 관련 3개, 연구관리 전문기관 2개로 구성되어 있다. 원자력

---

6) 연구기관은 어떤 연구회에 소속되는가에 따라 연구기관의 예산과 기관성과평가에 직접적인 영향을 미치기 때문에 1999년 연구회로 소속이 결정된 이후 현재까지 연구회의 소속이 바뀐 연구기관은 없었다.

관련 3개 기관 중에서 원자력의학원은 병원이며, 한국원자력안전기술원은 규제기관이라 과학기술부 산하 8개 기관 중 원자력연구소만 순수 연구기관이라 할 수 있다. 본 연구에서는 과학기술계 연구기관 중 순수 연구기관에 해당되는 연구회 소속 기관만 연구대상으로 범위를 한정하였다.

28개 출연연구기관의 전체 예산과 인력은 2조 8,746억 원과 10,701명이다. 이들 연구기관 중 인력 및 예산 규모가 가장 큰 연구기관은 한국전자통신연구원으로 가장 작은 한국한의학연구원과 비교하면 60분의 1수준으로 큰 차이를 나타내고 있다.

<표 2-2> 과학기술계 출연연구기관의 인력 및 예산 현황

소 속	기관명	인력(명)	설립연도	예산(백만 원)
기초기술 연구회	한국과학기술연구원	622	1966	126,265
	한국생명공학연구원	291	1988	67,172
	한국기초과학지원연구원	181	1986	74,469
	한국천문연구원	86	1985	12,767
공공기술 연구회	한국항공우주연구원	418	1990	111,384
	한국해양연구원	383	1973	105,514
	한국에너지기술연구원	289	1977	79,905
	한국지질자원연구원	358	1976	64,410
	한국건설기술연구원	427	1983	63,377
	한국철도기술연구원	196	1996	46,959
	한국표준과학연구원	335	1975	75,207
	한국과학기술정보연구원	290	1962	83,308
산업기술 연구회	한국한의학연구원	31	1994	7,094
	한국생산기술연구원	288	1989	94,515
	한국전자통신연구원	1,843	1976	390,637

소　속	기관명	인력(명)	설립연도	예산(백만 원)
산업기술 연구회	한국식품개발연구원	136	1987	29,850
	한국기계연구원	405	1976	107,488
	한국전기연구원	282	1976	87,499
	한국화학연구원	307	1976	68,757
	국가보안기술연구소	200	2000	43,200
과학기술부 산하 연구기관	한국과학기술원	698	1971	242,008
	광주과학기술원	128	1993	83,568
	고등과학원	80	1996	10,989
	한국원자력연구소	1,058	1959	212,676
	한국원자력안전기술원	328	1990	43,276
	원자력의학원	823	1973	97,882
	한국과학재단	102	1977	421,265
	한국과학기술기획평가원	116	1999	23,246
합계	28개 기관	4,663	–	1,471,704

자료원: 기초 / 공공 / 산업기술연구회 기관평가 종합보고서, 과학기술부 산하
기관평가 종합보고서, 2002년 기준

제2절 기관평가제도 개요

1. 기관평가 개념

평가란 평가대상의 적합성, 효율성, 효과성을 판단하기 위해 평가대
상의 전체 혹은 그 일부를 객관적으로 점검하고 측정하는 것이다.(이

정원, 2000) 평가대상이 개인, 사업, 프로그램, 조직 등에 따라서 평가의 개념이 여러 가지로 나누어질 수 있다.

성과평가(performance evaluation)란 사전에 설정된 표준, 예산 또는 목표치 등과 같은 적절한 벤치마크와 관리책임자 또는 특정조직의 성과를 비교하여 평가한 토대로 성과배분을 결정하고 관리자에 대한 인센티브 제공 및 동기부여를 통해 조직의 능률과 효과를 증진시키고 나아가서는 조직의 장기적인 생존과 발전을 도모하는 경영통제과정의 주요 단계로 정의하고 이러한 성과평가는 제도화되어 주기적으로 활용될 때 성과평가시스템이라고 부른다. 또한, 성과평가는 미래의 새로운 계획 활동을 위한 필수조건으로 다루어져야 하므로 단순히 과거업적을 평가하여 보상만 차별화하려는 개념에서 탈피하여 조직 구성원의 업무에 대한 목표나 역할이 분명하게 주어져야 한다.(신홍철, 1998)

본 연구의 주안점인 평가의 대상은 성과(performance)이기 때문에 이러한 개념에 초점을 둔다면, 기관평가는 '경영의 결과를 일정한 목표와 대비하여 그 달성도의 효과성과 효율성의 수준을 평가하는 것'이라고 정의할 수 있다. 단기적으로는 그 결과를 경영자에 대한 공정한 보상과 인사고과에 반영함으로써 각 평가대상의 업무능률과 개선을 도모하고 장기적으로는 각 개인의 목표와 조직의 목표를 일치시킴으로써 조직의 활성화를 기하는 경영효율과 효과의 개선에 필수적인 경영관리 수단으로 볼 수 있다.

2. 기관평가제도 변천과정

우리나라 출연연구기관에 대한 기관평가는 정부연구기관의 역할 및 기능 재정립의 필요성에 따라 1991년부터 지금까지 거의 매년마다 실시되고 있다. 그동안 출연연구기관의 환경변화에 따라 정부의 출연연구기관 관리정책의 방향 변화, 기관평가의 목적이나 방법 등 제도상 많은 변화가 있어 왔다. 1991년부터 현재까지의 기관평가제도의 주요 특징과 발전과정을 정리해보면 〈표 2-3〉과 같다.

〈표 2-3〉 출연연구기관 기관평가제도의 발전과정

시 기	평가방식	평가제도의 특징
1991~1995 〈제1기〉	과학기술부에 의한 외부평가	○출연연구기관의 특성을 반영할 수 있는 차별화된 평가항목 미반영 ○계량적 평가에 치중
1996~1997 〈제2기〉	자체평가와 외부평가의 결합	평가결과에 따라 기관장 재임용 여부 반영
1998 〈제3기〉	외국컨설팅회사에 의한 경영진단	평가개념 대신 진단개념을 사용
1999~현재 〈제4기〉	20개 연구기관의 자체평가를 토대로 과학기술계 3개 연구회에 의한 평가	법률에 따라 2단계 평가 실시

자료원: 이길우(2004), p.61 내용을 재구성함

제1기에는 매년 출연연구기관들에 대해 연구성과에 대한 평가를 실시하여 서열화를 시도하였고 평가결과에 따라 우수기관에 대해 인센티브로서 상여금을 지급하였다. 그러나 출연연구기관 특성을 반영할 수 있는 차별화된 평가항목 및 지표의 미흡과 계량적 평가에 치중되었다는 문제점이 제기되었다.

제2기에는 과거 1년 단위의 평가를 출연연구기관 자체평가로 대체하고 자체평가의 조기정착을 위해 정부가 한시적으로 자체평가시스템을 평가하였으며 정부는 3년 단위로 출연연구기관의 전략을 평가하는 종합평가를 실시하였다. 종합평가는 출연연구기관장의 임기 종료 연도에 맞추어 실시되었고 그 결과가 기관장의 재임용에 반영되었다.

제3기에는 외국계 컨설팅 기관을 이용한 경영진단이 실시되었다. 평가의 개념 대신 진단의 개념을 사용하여 3개월 정도의 경영시스템 분석과 진단을 실시하였다. 구체적인 경영진단의 방법으로는 내부 직원에 대한 심층 인터뷰와 선진 연구기관의 벤치마킹을 통해 현상을 진단하고 권고사항을 도출하였다.

제4기에는 3개 연구회로 소속된 연구기관들을 연구회에서 평가하였다. 「정부출연연구기관등의설립·운영및육성에관한법률」 제28조와 동법 시행령 19조에 따라 규정된 법정평가지표로 기관평가를 실시하였으며, 기관평가의 주체도 각 부처에서 연구회로 변경되었다. 제4기는 다른 시기와 비교하여 평가집단, 평가자, 평가지표 등의 큰 변화가 있었던 시기였다.[7] 1999년도의 기관평가에서는 큰 변화가 있은 후 첫해 연도로 시범적용이 있었던 기간으로 사전에 기관평가제도의 충분한 검토가 이루어지지 않은 채 실시한 기간이라 연구기관과 평가기관인 연구회 간의 많은 혼란이 있었다. 따라서 본 연구에서는 제4기의 첫해 연도를 제외한 2000년도, 2001년도, 2002년도의 기관평가지표를 연구대상으로 하였다.[8]

---

7) ① 평가집단의 변화: 20개 연구기관 중 과기부 소속 13개, 농림부 소속 1개, 정통부 소속 1개, 건교부 소속 2개, 산자부 소속 2개, 복지부 소속 1개에서 3개 연구회 소속으로 변경되었다.
  ② 평가자의 변화: 6개 부처 평가에서 3개 연구회 평가로 변경되었다.
8) 2003년도의 기관평가 결과는 2004년도에 발표되었으나 본 연구의 표본분석이 확정된 이후에 발표되어 본 연구에서는 제외하였다.

3. 기관평가제도 목적과 절차

현행 출연연구기관의 기관평가의 목적은 ① 출연연구기관의 임무, 기능, 미션, 비전 등에 대한 진단 및 분석을 통해 미래지향적인 발전 방향을 제시 ② 출연연구기관의 연구생산성 향상을 위한 개선방안의 지속적 모색 ③ 기관평가제도의 효과적 정착을 통한 출연연구기관의 능동적이고도 지속적인 경영혁신활동 유도 ④ 출연연구기관 연구 및 사업수행성과의 확인, 홍보 및 확산이다.(산업기술연구회, 2000)

출연연구기관의 기관평가와 관련한 현행 법령에서는 평가주체로서 정부부처 및 연구회를 규정하고, 출연연구기관에 대해 계획 및 목표를 점검하고 적절한 기관평가를 실시하도록 요구하고 있다. 평가주체인 정부부처나 연구회는 출연연구기관으로 하여금 연구개발 기획단계에서 연구기관의 경영목표와 예산 등을 제출하여 심의·승인하도록 규정하고 있다. 또한 매년 연구개발의 수행 후에는 기관의 성과보고서와 예산서 등을 국무총리와 기획예산처장관에게 제출하여 그 성과를 평가하도록 규정하고 있다. 평가의 대상은 법률에 따라 평가항목이 명시되어 3개 연구회에서 동일하게 적용하였다. 이러한 법적 장치는 계획(Plan)-수행(Do)-평가(See)라는 기본 관리개념에 입각한 성과관리의 기본적 틀을 기반으로 하고 있다.

기관평가의 절차는 〈그림 2-1〉와 같이 1차로 각 연구기관이 자체 평가를 실시하고 다시 연구회에서 평가위원회를 구성하여 최종평가를 실시한다.

〈그림 2-1〉 기관평가 절차

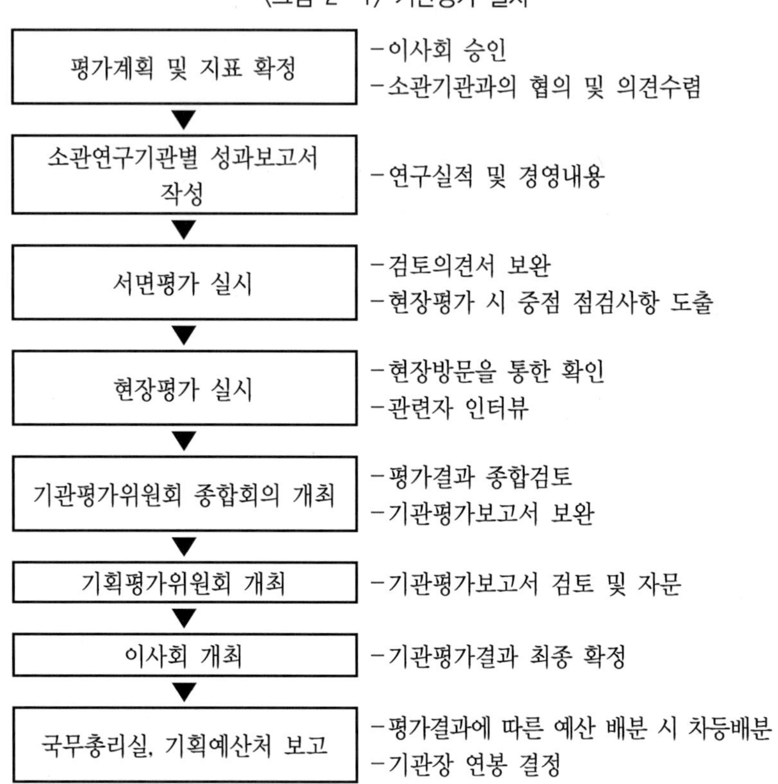

자체평가는 연구회에서 제시한 자체평가보고서 작성지침에 의거하여 실시하며 소관 연구기관에서 항목별 평가자료 및 자체평가의견을 첨부한 보고서를 연구회에 작성·제출한다. 연구회는 평가위원회를 구성하여 분야별 평가소위원회를 통해 제출된 자체평가결과를 토대로 서면평가를 실시한다. 서면평가에서는 연구기관 현장에서의 평가를 전략 및 중점평가 착안점도 포함한다. 마지막으로 현장평가, 즉 연구현장을 방문하여 서면평가 의견을 수정·보완하여 최종평가의견서를 확정한다.(산업기술연구회, 2000)

4. 기관평가지표 구성

1) 지표 구성

「정부출연연구기관등의설립·운영및육성에관한법률」에 따라 구성된 2000년, 2001년, 2002년에 대한 평가지표를 연구회별로 살펴보면 첫째, 기초기술연구회 2000년도의 평가지표 구성체계는 총 3개 분야, 11개 평가항목, 37개 평가지표로 구성되었으나, 2001년도의 평가지표는 총 3개 분야, 10개 평가항목, 25개 평가지표로 구성되었다. 2002년도 평가지표 구성체계는 많은 변화가 있어 총 5개 분야, 10개 평가항목, 22개 평가지표로 구성되었다.(기초기술연구회, 2000 / 2001 / 2002) 연도별 평가항목은 〈표 2-4〉과 같다.

기관평가지표의 구성과 점수는 연구회별·연도별로 차이가 있다. 평가지표의 구성은 소분류인 측정지표에서 연구회별·연도별로 차이가 있으며, 평가지표의 점수는 대분류·중분류·소분류에서 모두 차이가 나타났다. 이것은 각 연구회별로 소속된 연구기관별 미션이 달라서 소속 연구기관의 특성을 최대한 반영한 지표로 구성된 것으로 볼 수 있다. 그러나 연구기관 측면에서는 매년마다 평가지표와 지표의 가중치가 수정되어 기관평가제도의 일관성이 미흡하다는 문제점을 지적하고 있다.

<표 2-4> 기초기술연구회의 연도별 평가지표

구분	2000년도 평가지표	2001년도 평가지표	2002년도 평가지표
연구사업분야	① 연구사업 선정의 적정성	① 좌동	① 연구사업분야 선정 및 추진전략의 적정성
	② 연구사업 추진 및 관리체계의 효율성	② 좌동	② 연구 / 사업의 중점 연구분야와의 부합성
	③ 연구사업 성과의 우수성	③ 좌동	③ 연구사업의 성과의 우수성
	④ 연구분야별 전문화의 정도	삭제	④ 대표적 성공 및 부진사례
	⑤ 산·학·연 협동연구의 활성화 정도	④ 좌동	⑤ 지식이전 및 확산체계의 우수성
	⑥ 연구성과의 활용·확산 정도	⑤ 좌동	⑥ 지식이전 및 성과확산 실적
기관운영분야	⑦ 경영목표의 설정 및 달성의 정도	⑥ 좌동	⑦ 인력운용의 적정성
	⑧ 조직 및 인력 관리의 적정성	⑦ 좌동	⑧ 예산운용의 적정성
	⑨ 재정 및 예산 관리의 적정성	⑧ 좌동	⑨ 연구장비·시설 운용의 적정성
	⑩ 경영합리화의 추진정도	⑨ 좌동	⑩ 연구·협력네트워킹 수준
기타	⑪ 국책기관으로서의 기여도	⑩ 기능정립 이행 정도	-

둘째, 산업기술연구회 2000년도의 평가지표 구성체계는 총 2개 분야, 10개 평가항목, 44개 평가지표로 구성되었으나, 2001년도의 평가지표는 총 3개 분야, 7개 평가항목, 24개 평가지표로 구성되었다. 2002년도 평가지표는 총 3개 분야, 7개 평가항목, 22개 평가지표로 구성되었다.(공공기술연구회, 2000 / 2001 / 2002) 연도별 평가항목은 <표 2-5>와 같다.

<표 2-5> 산업기술연구회의 연도별 평가지표

구분	2000년도 평가지표	2001년도 평가지표	2002년도 평가지표
연구 사업 분야	① 연구사업 선정의 적정성	① 사업구조의 적합성	① 좌동
	② 연구사업 추진 및 관리 체계의 효율성	② 사업성과의 우수성	② 좌동
	③ 연구사업 성과의 우수성	삭제	-
	④ 연구분야별 전문화의 정도	삭제	-
	⑤ 산·학·연 협동연구 활성화 정도	삭제	-
	⑥ 연구성과의 활용·확산 정도	삭제	-
기관 운영 분야	⑦ 경영목표의 설정 및 달성의 정도	③ 전문인력의 적정성	③ 좌동
	⑧ 조직 및 인력관리의 적정성	④ 인력구성의 건전성	④ 좌동
	⑨ 재정 및 예산관리의 적정성	⑤ 예산관리시스템	⑤ 좌동
	⑩ 경영합리화의 추진정도	⑥ 사업관리시스템	⑥ 좌동
	-	⑦ 보상 및 기반시스템	⑦ 좌동

셋째, 공공기술연구회 2000년도의 평가지표 구성체계는 총 3개 분야, 11개 평가항목, 40개 평가지표로 구성되었으나, 2001년도의 평가지표는 총 3개 분야, 10개 평가항목, 30개 평가지표로 구성되었다. 2002년도 평가지표 구성체계는 많은 변화가 있어 총 5개 분야, 12개 평가항목, 17개 평가지표로 구성되었다.(공공기술연구회, 2000 / 2001 / 2002) 연도별 평가항목은 〈표 2-6〉과 같다.

<표 2-6> 공공기술연구회의 연도별 평가지표

구분	2000년도 평가지표	2001년도 평가지표	2002년도 평가지표
연구 사업 분야	① 기본사업 선정의 적정성	① 좌동	① 연구사업분야 선정 및 추진전략의 적정성
	② 기본사업 추진 및 관리체계의 효율성	② 좌동	② 연구 / 사업의 중점 연구분야와의 부합성
	③ 연구사업 성과의 우수성	③ 좌동	③ 연구사업의 성과의 우수성
	④ 연구분야별 전문화의 정도	삭제	④ 대표적 성공 및 부진 사례
	⑤ 산·학·연 협동연구의 활성화 정도	④ 좌동	⑤ 지식이전 및 확산체계의 우수성
	⑥ 연구성과의 활용·확산의 정도	⑤ 좌동	⑥ 지식이전 및 성과확산 실적
기관 운영 분야	⑦ 경영목표의 설정 및 달성의 정도	⑥ 좌동	⑦ 인력운용의 적정성
	⑧ 조직 및 인력 관리의 적정성	⑦ 좌동	⑧ 예산운용의 적정성
	⑨ 재정 및 예산 관리의 적정성	⑧ 좌동	⑨ 연구 장비·시설 운용의 적정성
	⑩ 경영합리화의 추진정도	⑨ 좌동	⑩ 당해연도 실천계획 대비 달성도
기타	⑪ 기본사업발전계획 수립의 적정성	⑩ 기능정립 이행 정도	⑪ 차년도 실천계획 대비 달성도
	－	－	⑫ 수요자 만족도

2) 지표점수 구성

연구회별·연도별 연구사업분야, 기관운영분야 및 기타의 점수 분포는 <표 2-7>과 같다. 기초기술연구회의 기관평가지표의 총합계는

2000년도의 경우 120점으로 구성되었으나, 2001년도와 2002년도에는 100점으로 구성되었다. 공공기술연구회는 2000년도와 2001년도에는 500점으로 구성되었으나, 2002년도에는 120점으로 구성되었다. 산업기술연구회는 2000년도, 2001년도, 2002년도 모두 100점으로 구성되었다. 본 연구에서의 기관평가지표분석은 100점으로 조정하여 분석하였다.

〈표 2-7〉 연구회별, 연도별 기관평가지표 점수 분포

(단위: %)

구 분	기초기술연구회			공공기술연구회			산업기술연구회		
	2000	2001	2002	2000	2001	2002	2000	2001	2002
연구사업 분야	78 (65)	65	75	300 (60)	350 (70)	100 (83)	50	50	60
기관운영 분야	37 (31)	30	25	175 (35)	125 (25)	20 (17)	50	50	40
기타	5 (4)	5	0	25 (5)	25 (5)	0 (0)	0	0	0
합계	120 (100)	100	100	500 (100)	500 (100)	120 (100)	100	100	100

3개 연구회별로 배점을 살펴보면, 연구사업분야의 배점에서는 기초기술연구회가 상대적으로 산업기술연구회보다 배점이 높았으며, 기관운영분야의 배점에서는 산업기술연구회가 상대적으로 기초기술연구회보다 배점이 높았다. 기초연구회 소속 연구기관은 기초·원천연구를 주로 연구하는 기관으로 논문, 특허에 많은 비중을 차지하여 연구사업분야에서 배점이 많았고 산업연구회 소속 연구기관은 산업화·상업화를 주로 연구하는 기관으로 기술이전, 수탁사업에 많은 비중을 차지하여 기관운영분야에 배점이 많은 것으로 분석되었다.

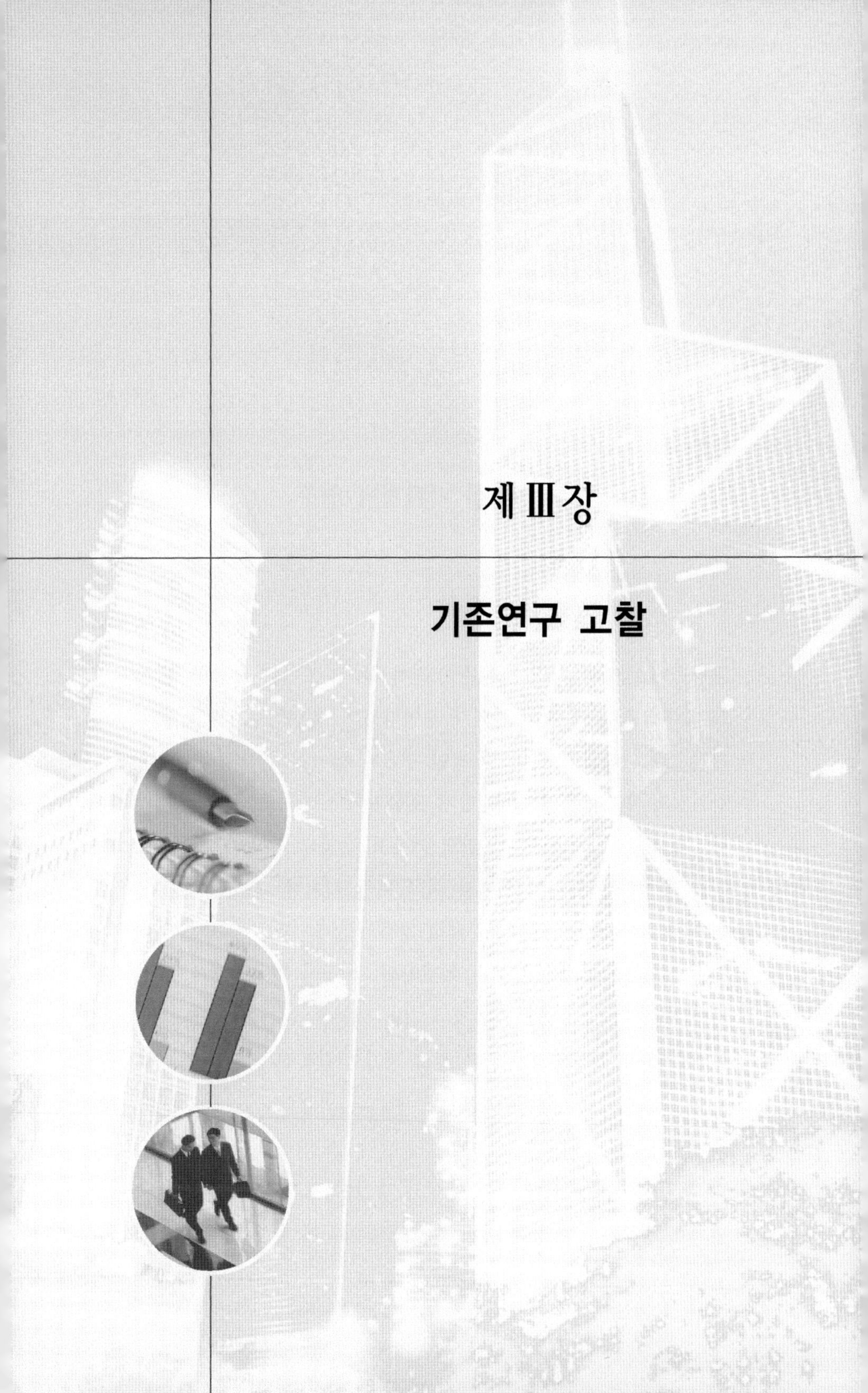

제 Ⅲ장

기존연구 고찰

제1절 기관평가 연구

민철구 외(1994)에 의하면, 출연연구기관의 기관평가가 타 조직성과평가에 비하여 어려운 점은 조직목표가 모호하고 복잡한 경우가 많으며 수단과 결과 간의 관계가 불명확하다. 출연연구기관의 성과는 장기적으로 나타나거나 비가시적인 경우가 많아서 단기성과 평가항목과 장기성과 평가항목이 균형 있게 포함되어야 한다고 주장하였다. 기관별로 차이는 있지만 연구기관의 기능적 특성에 있어서 공공성과 기업성이 공존하는 기관이 있어서 이에 따른 평가항목에도 두 가지 측면이 반영되어야 한다. 즉 공공성이 강한 기관은 비시장실패의 가능성을 효과적으로 감지해내고 이를 최소화할 수 있는 평가항목의 개발을 통하여 평가되어야 하며, 기업성이 강한 기관은 민간기업의 성과지표에 근거를 둔 평가항목의 개발을 통해 평가되어야 한다고 주장하였다.

김일섭(1991)에 의하면, 공기업 관리는 과정(process)에 의한 관리와 결과(result)에 의한 관리로 구분된다. 과정에 의한 관리는 공기업의 투입이 산출로 전환되는 개별적 과정에 정부가 직접 개입하는 방법으로 정부개입의 양은 증대되나 질적 개선이 미흡하여 공기업의 설립목적인 기업성과 공공성의 확보가 미흡한 경우가 많다. 결과에 의한 관리는 공기업에 의하여 산출되어야 할 결과를 결정하고 이를 효율적으로 달성하기 위하여 필요한 투입에 초점을 두며 그 과정에 자율성을 부여하고 과정의 효율성은 결과에 대한 평가를 통하여 확보하고자 하는 방법이다. 결과에 의한 관리의 성공에 있어 가장 중요한 요소는 공정한 평가제도라고 할 수 있다.

Jones(1984)은 공기업의 경영평가제도에 대하여 지표의 선정기준, 지표의 측정단위, 가중치 부여와 각 지표의 목표결정 방법에 대한 명확한 원칙이 있어야 한다고 주장하였다. 또한, 성과지표를 계량과 비계량, 결과와 과정, 단독지표와 중복지표로 구분하여 분석하였는데 결과를 평가하는 단독 계량지표가 가장 우월하다고 밝혔다.

Trivedi(1988)는 프랑스의 공기업을 통제하는 기본개념인 공기업과 정부가 상호 동의한 경영목표의 설정을 기본으로 하는 사전계약시스템의 이론적인 근거를 설명하였다. 성과기준으로 운영되기 위한 조건을 다음과 같이 6가지를 제시하였다. 즉 ① 성과기준이 명확히 정의되어야 하고 이해되어야 한다. ② 성과기준은 사전에 교섭하여 결정되어야 한다. ③ 성과기준이 정해진 뒤에는 달성방법에 대해서는 경영자에게 위임한다. ④ 공기업의 경영성과는 연말에 목표와 대비하여 판단한다. ⑤ 평가결과는 차후에 반영되어야 한다. ⑥ 성과평가 관련 정보는 평가자와 피평가자 사이에 균형을 이루어야 한다.

송대희·고영채(1985)는 한국전력공사의 경영평가 지표분석을 통하여 성과평가지표 구조의 평가와 개선을 위하여 개별평가지표를 상대적 중요성에 따라 양적, 질적 중요성이 높은 지표에 높은 가중치가 부여되어야 한다고 주장하였다. 특히, 목적적합성, 수용성, 개선가능성, 통제가능성, 측정가능성이 있는 개별지표에 높은 가중치를 부여할 것을 강조하였다. 또한, 종합적 지표체계의 기본적인 조건으로 지표의 단순화, 중복평가의 배제를 들었으며, 개별지표가 갖추어야 할 기본적인 조건으로 경영 외적인 요인의 배제를 강조하였다.

Olve et al.(1998)은 평가지표와 목표가 연계되어 조직의 목표가 효과적으로 달성되고 성과가 효과적으로 나타나기 위하여 성과평가지표가 가능한 한 간결하게 설정되어야 한다고 주장하였다. 지표수가 지나치게 많고 복잡하면 조직의 목표가 그만큼 많고 복잡하다. 조직의 목표가 많고 복잡하면 조직의 구성원 목표의식 및 업무추진의 방향성의 일체감이 떨어지고 혼란스러워져 목표가 효과적으로 달성될 수 없으며 높은 성과도 기대하기 어렵다고 강조하였다. 이상의 기존연구의 고찰을 통하여 우수한 기관평가제도로서의 특성을 종합하면 〈표 3-1〉과 같다.

〈표 3-1〉 우수한 평가제도의 특성

특 성	연구자
기관특성 고려	민철구(1994), 송대희(1985)
피평가자와 사전 합의	Trivedi(1988)
피드백	Trivedi(1988)
지표(수)의 단순화	Olve et al.(1998), 송대희(1985)
계량·비계량 지표의 조화	Jones(1984)
지표의 가중치 조정	민철구(1994), 송대희(1985)
지표의 일관성	민철구(1994)
지표의 명확한 기준	Olve et al.(1998), Jones(1984)

제2절 BSC 연구

1. BSC 이론연구

1) Kaplan & Norton(1992)의 "The Balanced Scorecard-Measures That Drive Performance"

BSC의 기원은 Nolan Norton 연구소가 1990년에 주최한 "미래기업에서의 성과측정"이라는 연구프로젝트로부터 시작되었다. 이 연구는 재무회계 측정지표에 기초한 현재의 성과측정 방법이 진부해지고 있다는 판단하에 Nolan Norton 연구소의 최고경영자인 David Norton과 Robert Kaplan 교수가 연구책임자로 추진된 결과 요약된 재무저 성과측정지표에 의존하는 것은 미래의 경제 가치를 창출하는 조직의 능력에 장애가 된다는 결론을 내렸다. 그 후 1992년부터 Kaplan과 Norton은 Harvard Business Review를 통해 BSC를 종종 소개하였다.

Kaplan & Norton(1992)은 BSC를 성과측정을 위한 시스템으로서 파악하고 있다. 즉 12개의 선진기업들에 대한 1년간의 조사를 통해 BSC를 생각해 냈으며, BSC는 최고경영자에게 시간을 많이 들이지 않고 포괄적인 사업의 조감도를 제시할 수 있는 일련의 관점이라고 기술하였다. 그리고 BSC에 적용된 관점으로는 이미 취해진 행동의 결과를 제시하는 재무적 관점이 있으며, 고객만족, 내부프로세스 및 조직혁신과 개선활동에 관한 운영관점으로 재무적 관점을 보완하고 있다고 기술하였다.

이러한 BSC의 주요관점은 〈그림 3-1〉과 같다.(이하 Kaplan의 기

44

본모형이라 함) 첫째, 재무관점으로서 "우리 기업은 주주들에게 어떻게 보이는가?"이며, 둘째, 고객관점으로서 "고객들이 우리 기업을 어떻게 보고 있는가?"이다. 셋째, 기업 내적 관점으로 "우리 기업은 무엇에 더욱 탁월해야 하는가?"이며, 넷째, 혁신과 학습 관점으로 "우리 기업은 계속해서 가치를 향상시키고 창출해 낼 수 있는가?"이다.9)

〈그림 3-1〉 Kaplan & Norton의 BSC 모형

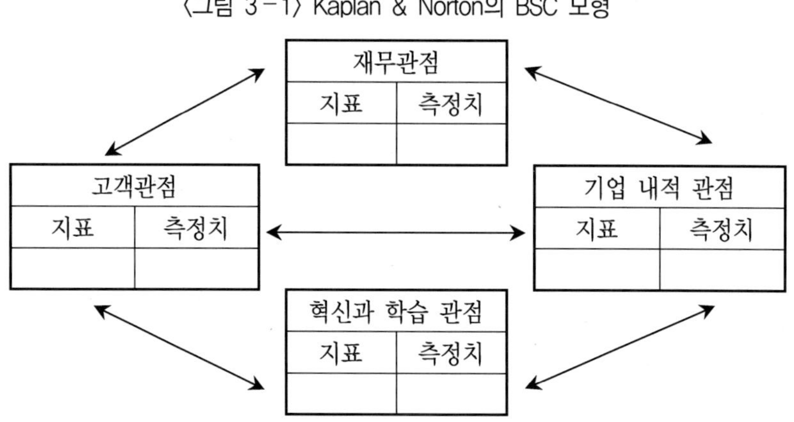

BSC는 장기적 목표와 단기적 목표 간, 재무적 측정지표와 비재무적 측정지표 간, 후행지표와 선행지표(lagging and leading indicators) 간, 그리고 성과에 대한 외부적인 시각과 내부적인 시각 간에 균형이 잡혀 있음을 반영하고 있다. 이러한 균형 잡힌 측정체계가 실행가능하고 유익한 것이라는 결론을 도출한 것과 기업의 비전과 전략을 어떻게 성과측정 안으로 끌어올 수 있는가에 대한 고민을 하였다는 사실에 큰 의의가 있다.

---

9) Kaplan과 Norton은 1992년에는 혁신과 학습(Innovation and Learning) 관점으로 표현하다가 1996년부터는 학습과 성장(Learning and Growth) 관점으로 표현을 바꾸었다.

2) Kaplan & Norton(1993)의
"Putting the Balanced Scorecard to Work"

Kaplan & Norton(1993)은 관리시스템으로서의 BSC의 발전가능성을 논하고 있다. 즉 효과적인 성과측정은 관리프로세스와 불가분의 관계에 있다는 것이다. BSC는 경영자들에게 기업의 전략목표를 일관된 성과척도의 조합으로 변화시키는 포괄적인 틀을 제공해 준다. 측정의 실시뿐만 아니라 BSC는 제품, 프로세스, 고객, 시장전개와 같은 중요한 영역에서의 비약적인 향상을 촉구할 수 있는 부분적인 차원의 비재무적인 척도를 도입하는 것의 중요성보다는 BSC에 의한 전략목표와 경쟁상의 필요성에 근거를 강조하고 있다. BSC를 사용하는 경영자들이 장·단기 관리프로세스를 독립적으로 운영하거나 상호 연결시키기 위하여 전략경영과 전략목표 달성에 BSC를 어떻게 연계하여 목표를 달성하는지를 제시하고 있다.

리엔지니어링, TQM, 임파워먼트 등의 개선 프로그램들은 부분적인 차원의 프로그램들로 통합적인 감각이 결여되어 있다고 한다. 그러나 BSC는 관점 간 선행지표와 후행지표를 결정하여 매니저와 종업원뿐만 아니라 그 우선순위를 투자자와 고객에게까지도 전달하기 때문에 기업에 어떤 업무에 초점을 두어야 하는가를 제시할 수 있다. 1993년 논문에서의 대표적인 특징은 1992년 논문에서 밝힌 관점들 간의 인과관계보다 측정지표 자체 간의 인과관계를 밝히는 것이 더욱 중요한 요소임을 강조하였다. 그리고 인과관계를 분명히 밝히는 전략연계 모델은 기존의 선행지표와 후행지표의 중요성을 강조하고 있다.

3) Kaplan & Norton(1996)의 "Using the Balanced Scorecard as a Strategic Management System"

Kaplan & Norton(1996)은 Harvard Business Review에 소개된 세 번째 논문에서 BSC를 단순한 전술적 내지는 성과측정 시스템이 아니라 장기적으로 전략을 수행하기 위한 관리시스템으로 정의하고 있다. 즉 BSC는 전략을 명확히 하고 주지하는 것뿐만 아니라 전략수행을 위해서도 사용되기 때문에 단순한 성과측정시스템이 아니라 전략관리시스템으로 발전하게 되었다. BSC는 전술적이거나 조작적인 측정시스템 이상의 것이다. 혁신적인 회사들은 성과측정기록표를 오랜 기간에 걸쳐 전략을 관리하기 위한 전략적인 관리시스템으로 활용하고 있다. 기업들은 전략을 관리하기 위해서 첫째, 미션과 비전을 명확히 하고 전환하고 둘째, 전략적인 목표와 측정지표들을 전달하고 연결시키며 셋째, 기획 및 타깃을 설정하고 전략적인 initiative들을 정렬시키고 넷째, 전략적인 피드백과 학습을 고양시키는 4단계에 따른 전략적인 관리프로세스를 거친다고 설명하였다.

BSC는 궁극적으로 조직을 구성하는 개인의 성과측정과 보상으로 연계되어야 한다. 기업전략을 바탕으로 하여 설정된 보상 프로그램의 목적은 다시 구성원 개개인에게 동기를 부여할 수 있는 구체적인 지표로 설정되어야 한다. 기존 개인 단위의 보상에 대한 측정지표가 갖는 대표적인 문제점은 전통적인 성과측정방식에 의한 재무적 관점 지표에 편중된 불균형적인 지표선정 방식과 전체 기업성과를 결정하는 개별 업무기능 및 계층별 측정지표가 연결성을 갖지 못하고 분리되어 관리되었다는 점이다. 이러한 한계를 극복하고 기업 전체적인 전략을 개인 단위에서의 측정지표로 구현할 수 있는 것이 바로 BSC이

다.(2003, 현충기)

BSC는 조직의 비전과 전략을 달성하기 위해 이루어지는 공식적이며 목표 지향적인 의사소통을 활성화시키는 역할을 한다. 조직에서 이루어지는 의사소통은 조직의 계층(hierarchy)상에서 수직적으로 발생하는 것과 사업부 및 팀 간에 수평적으로 발생하는 것이 있다. 기업 내 의사소통방향은 상의하달식인 경우가 많고, 조직의 미션과 비전도 마찬가지로 단지 공표되는 경우가 많았다. 또한 수평적인 의사소통의 경우에도 기존의 성과평가 기준은 사업부나 팀 간의 갈등을 조장하는 경우가 많다.

BSC는 조직의 비전과 전략수립의 기본방향을 제시함과 동시에 실질적인 목표달성을 위한 촉진 도구로서 활용된다. BSC는 기업의 본원적 가치창출 원천을 관점을 통해 구체화시킴으로써, 전략수립의 기준을 제시한다. 이렇게 구체화된 전략은 핵심성과지표(key performance indicators)로 전환되어 전략달성의 여부를 검증할 수 있다. BSC는 전략의 성공 여부를 검증하고 이를 토대로 차기의 전략적 액션을 취할 수 있도록 지침을 제시함으로써 지금까지의 전략수립 과정이 수립 그 자체에만 집중되어 달성에 이르는 모든 프로세스를 관리하지 못한 한계성을 극복할 수 있도록 한다.

BSC는 핵심역량에 자원을 집중하도록 하여 전략달성을 효과적으로 지원한다. BSC를 통해 선정되는 핵심성과지표는 기업성과의 핵심적 근원이 무엇인지를 알려주고 기업의 자원과 역량을 어디에 집중해야 하는지 알려주는 역할을 한다. 즉 조직의 지원을 분산시키지 않고 기업의 성과와 밀접히 연관된 핵심역량에 집중하게 함으로써 조직의 전략을 효율적이며 효과적으로 달성하도록 한다.

2. BSC 실증연구

1) 영리기관에의 적용

국내의 BSC의 사례연구 중 영리기관을 대상으로 한 선행연구는 특정업종을 중심으로 BSC 모형을 도출한 후 각 관점 간의 인과관계를 입증한 연구들이 다수 있다. 정연도(2000)는 철강업을 중심으로 BSC 모형을 국내 철강업의 특성을 고려하여 수정한 BSC 모형을 도출하여 경영성과와 성과동인 간 구조적 관계를 규명하였다. 연구결과 기업의 경영성과는 고객만족과 내부프로세스 효율성으로부터 직접 영향을 받고 고객만족은 내부프로세스로부터 영향을 받으며, 내부프로세스는 종업원만족 여부에 따라 영향을 받는다고 주장하였다.

홍미경(2000)은 BSC 도입기업에 대한 사례연구로 BSC가 기업성과에 미치는 영향을 분석한 결과 성과변수인 기업가치성장률, 총 자산영업 이익률, 1인당 영업 이익률, BIS비율의 4개 변수 중 기업 가치 성장률 변수가 BSC의 비도입기업보다 도입기업에서 BSC 도입 후 변화를 나타냈으며, 총자산 영업 이익률 변수도 도입기업이 비도입기업보다 성과개선에 효과가 있음을 입증하였다.

김원배(2001)는 제조업을 중심으로 BSC 관점별 인과관계를 분석하였다. 연구결과 학습과 성장 성과는 내부프로세스성과와 고객성과에 직접적인 영향을 미치며, 내부프로세스성과를 경유하여 고객성과에 간접적으로 영향을 미치는 것으로 나타났다. 또한, 내부프로세스성과가 재무성과에 직접적으로 영향을 미치기도 하지만 고객성과를 경유하여 재무성과를 개선시키는 고객성과의 매개효과가 더욱 큰 것으로 조사되었다. 고객성과가 재무성과에 영향을 미친다고 입증하였다.

박정아(2001)는 BSC관점에서 관광호텔산업의 경영평가지표를 분석하고 아울러 평가지표들 간의 인과관계를 분석하여 계량적으로 표시되는 평가지표 외에도 서비스 등 계량화할 수 없는 분야도 포함되는 새로운 성과측정시스템을 구축하였다. 연구결과 학습 및 성장관점 평가요인은 수익성과와 원가성과에 직접적인 영향을 미쳤다. 평가항목별 중요도에 대해서는 재무평가지표 중에서 총 매출액 정도와 매출액 대비 원가를 가장 중요시하는 것으로 나타났으며 고객평가지표의 경우 고객만족도를 가장 중요하게 지각하는 것으로 분석되었다.

허종락(2002)은 우리나라 은행산업을 대상으로 BSC 성과 지표 간 인과관계를 분석함으로써 BSC모델의 타당성을 검증하였다. 연구결과 학습 및 성장관점의 결과변수인 직원유지도와 직원생산성을 연구모델에서 제거하였을 때 모델의 적합도가 우수하였다. 즉 학습 및 성장관점 사슬구조 측정모델에서는 결과변수로 적합하나 4관점의 측정치를 사슬구조로 연결한 연구모델에서는 이들 변수가 내부프로세스관점의 원인변수로 부적합 결과를 얻었다. 둘째, 재무관점을 구성하는 생산성·성장성·교차판매 등의 안정수익기반 측정치는 고객관점의 시장점유율 및 고객수익성 측정치와 유의적인 관계를 나타내었으나 원가절감과 리스크 관리 측정치는 이들 고객관점 측정치와 유의적인 관계에 있다는 결과를 얻지 못했다.

이도희·김종식(2000)은 은행업을 대상으로 BSC의 구성요소인 4개 관점에 대한 상대적 중요도(가중치)를 산정하기 위하여 분석적 계층화방법(AHP: analytical hierarchy process)기법을 활용하여 각 구성요소의 관점에 대한 세부적인 평가요소를 국지적인 가중치를 산정하고 이를 바탕으로 4가지 관점별 요소의 종합적 가중치를 산정하였다. 이러한 평가지표의 조직특성에 따른 차이를 기업 환경의 변화에 따라서 유연하게 대응할 수 있도록 적절한 반영을 위하여 지속적인 개발과 노력이 필요하다고 주장하였다.

손명호 외(2003)는 기업전략을 4가지로 구분하여 전략이 변경됨에 따라 성과측정의 가중치 결정에 미치는 영향을 4가지 관점으로 분석하였다. 그 결과 기업이 추구하는 전략의 특성을 감안하여 성과관리시스템을 구축할 때 성과측정 지표의 가중치 설계 근거를 마련할 수 있다고 주장하였다.

해외의 BSC의 사례연구 중 영리기관을 대상으로 한 선행연구는 특정업종을 중심으로 BSC 모형의 각 관점이 기업의 성과개선에 어떠한 영향을 미치는지에 대한 연구들이 다수 있다. Foster(1996)은 Westinghouse Electric Corp의 과학기술센터는 연구개발 성과관리지표로 전통적인 특허나 재무적 성과치보다는 연구소와 사업부의 합의에 근거한 정량지표, 사업부 만족도, CEO의 정성적 평가 등을 활용하였다. 그 결과 재무적 관점뿐만 아니라 고객관점과 내부프로세스관점의 성과지표들을 균형 있게 배치함으로써 연구개발 성과향상을 도모할 수 있었다. 비록 BSC라는 명시적인 표현은 사용하지 아니하였지만 Westinghouse의 연구개발 성과지표에는 BSC에서 추구하는 궁극적인 목적이 담겨 있다고 할 수 있다.

Drongelen & Bilderbeek(1999)은 네덜란드의 R&D 기업 44개를 대상으로 한 조사연구 결과 많은 기업들이 연구개발 부문에 대한 개인평가, 팀평가, 부서평가, 기업수준에서의 평가가 이루어지고 있으며, 각 평가단위별로 평가의 목표를 설정하고 그에 따른 측정지표를 설정하여 적용하고 있는 것으로 나타났다. 평가단위별로 분석한 결과 내부프로세스관점이 가장 비중을 많이 차지하였고 다음으로 고객관점, 재무관점, 학습 및 성장관점 순이었다. 이 결과는 대체로 BSC에서 제시한 4가지 관점과 관련된 측정지표들이 균형 있게 적용되고 있다는 것을 확인할 수 있었다.

Schneiderman(1999)은 Analog Device사를 대상으로 12년 동안의 자료를 바탕으로 BSC의 성공과 실패 요인을 분석하였다. 성공적인 BSC가 되기 위해서는 기업의 전 종업원이 목표달성을 위해 노력해야 한다고 주장하였다. BSC의 실패요인으로 첫째, BSC의 비재무적 관점 중 미래 이해관계자를 만족시키는 주요동인의 선정이 어렵다. 둘째, 성과측정치의 정의가 명확하지 않다. 셋째, 기업의 성장목표가 프로세스의 역량에 근거하기보다는 협상의 대상이 되고 있다. 넷째, 상위목표를 실제 개선활동이 이루어지는 하위 프로세스수준으로 전달하는 시스템이 존재하지 않는다. 다섯째, 재무 적정성과 비재무 적정성과의 인과관계의 설정이 잘못된 것으로 확인되었다.

Hoque & James(2000)는 66개 오스트리아 제조회사를 대상으로 BSC의 사용과 조직 규모, 제품수명단계 및 기업의 시장에서의 위치 간의 관계를 연구하였다. 또한 BSC의 사용과 3가지 상황변수 간의 적합도가 조직성과에 미치는 영향을 실증적으로 검증하였다. 그 결과 기업규모가 클수록 BSC를 더 많이 사용하였으나, 기업의 시장에서의 위치와 BSC의 사용과는 유의적인 관계가 발견되지 않았다. BSC의 사용과 성과개선은 관련성이 있지만 이러한 관계는 조직규모, 제품수명주기, 시장에서의 위치에 크게 좌우되지 않는다는 사실을 실증적으로 확인하였다.

2) 공공기관에의 적용[10]

(1) Charlotte市 BSC 모형

Kaplan(1999)은 Charlotte市 의회는 미션달성에 가장 많은 영향을 미칠 수 있는 이니셔티브로 제한된 자원을 집중하기 위하여 전략체계도를 작성하였다. 전략적 미션으로 4가지를 선택하였으며 이러한 미션을 달성하기 위하여 BSC전략 목표를 〈그림 3-2〉로 나타내었다.

〈그림 3-2〉 Charlotte市의 BSC관점별 체계

고객(시민)관점
재무적 관점
내부프로세스관점
학습과 성장관점

고객(시민)관점을 BSC 상단에 두고 재무적 관점, 내부프로세스관점, 학습과 성장관점을 차례로 구축하였다. 재무적 관점은 시정부로 하여금 고객관점의 목표를 달성할 수 있도록 하는 요인으로 작용한 것이 특이하다. 내부프로세스관점은 시정부가 서비스를 제공하는 방법을 바꾸고 개선하도록 자극하는 데 지역사회와 동반자 관계를 형성하고 생산성을 향상시키도록 하였다. 학습과 성장관점은 시정부가 계속적인 향상을 이룰 수 있도록 기술과 직원교육 및 기량을 유지하고 있

---

10) 국내의 선행연구 중 공공기관을 대상으로 BSC를 적용한 사례연구는 찾아볼 수 없었다. 본 연구에서는 해외의 선행연구를 중심으로 살펴보았다.

는가 여부를 확인하였다.

Charlotte市의 BSC 모형은 공공기관의 BSC 관점별 체계에서 맨 위에 위치하는 관점이 재무관점이 아니라 고객관점이라는 것이다. 재무적 관점은 이익을 추구하는 민간기업 입장에서는 명백한 장기적 목적으로 기능을 한다. 그러나 일반적으로 공공부문조직에서는 재무적 측면이 목적이 아닌 제약요인으로 작용을 한다고 알려지고 있다. 따라서 공공기관의 성공 여부는 우선적으로 공공조직이 고객의 요구를 얼마나 효과적이며 효율적으로 충족하였는가에 따라 평가되어야 한다.

(2) May Institute BSC 모형

Kaplan(2001)은 매사추세츠에 있는 비영리연구소인 May Institute는 조직 확장의 방향을 제시하고 점차 확대되어 가는 활동범위를 관리하기 위해서 BSC 프로젝트를 시작하였다. May Institute는 지사의 고객관점을 BSC 계층 최상단에 배치하였다. 비영리조직에 소속된 다양한 구성원을 고려하여 다양한 유형의 고객(환자, 재원기부자, 학계, 언론, 입법의원)들을 고객관점에 포함시켰다. 또한, 스탭(staff)들의 자질이 조직의 고객목표를 달성하는 데 가장 큰 영향을 미친다고 판단하여 학습과 성장관점을 바로 밑에 배치하였다. 재무적 관점은 조직이 영속할 수 있는 재무적인 생존력과 성과평가를 기반으로 한 보상 프로세스의 개발이 부각되었다. May Institute의 BSC관점은 고객(시민)관점, 재무적 관점, 내부프로세스관점, 학습과 성장관점으로 분류하였다.

May Institute의 BSC 모형은 비영리연구기관을 대상으로 한 BSC 관점 간의 우선순위를 〈그림 3-3〉과 같이 제시하였다. May Institute의 BSC 모형에서는 재무적 관점은 학습과 성장관점과 내부프로세

54

스관점으로 학습과 성장관점은 내부프로세스관점과 고객관점으로 내부프로세스관점은 고객관점으로 인과관계를 형성한다. Kaplan의 기본모형의 인과관계와는 다르게 형성되었다. 이처럼 인과관계가 달리 형성되는 것은 May Institute가 비영리연구기관으로 영리기관과는 다른 목표와 비전이 설정되었고 각 관점의 정의가 영리기관과는 다르기 때문이다.

〈그림 3-3〉 May Institute의 BSC 모형

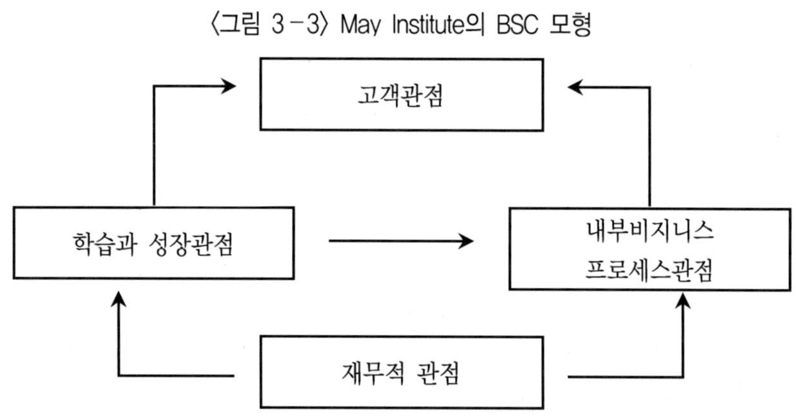

(3) 미국 교통성 BSC 모형

미국 교통성(Department of Transportation, 이하 DOT라 함)은 성과주의 예산제도와 BSC를 연계하였다. 이 모형은 전략계획 수립→성과계획 수립→예산프로세스→성과계약→BSC제도 설계의 프로세스로 성과주의 예산제도와 BSC를 연계하였다. 첫째, 전략계획 수립에는 세계적 수준의 조달프로세스를 통한 DOT의 전략적 목표를 증진시키는 최고의 가치 있는 제품과 서비스의 제공으로 정의하였다. 둘째, 성과계획수립은 DOT의 전략적 목적을 증진시킬 수 있는 경영프로세스

의 창출과 증진, 포괄적인 전자상거래 프로그램 실행, DOT의 조달프
로세스 강화로 수립하였다. 셋째, 예산프로세스는 전략목표를 달성하
기 위해 구체적으로 수립된 성과계획이 제대로 실행되는 데 필요한
자원이 무엇인지를 보여주고 있다. 넷째, 성과계약은 목적(goal)과 목
표(objective)가 상단의 고위부서에서 하단의 실행부서로 전달되는 과
정을 보여준다. 이와 같은 프로세스에 따라 전략적 목표에 대한 관점
별 목표측정치로 고객관점, 종업원관점, 내부프로세스관점, 학습및성장
관점, 재무관점을 제시하였다.[11]

　　Kaplan의 기본모형에서는 학습과 성장관점에 포함되는 관점인 종업
원관점을 DOT의 BSC 모형에서는 별도로 분리하였다. 이것은 DOT의
BSC 모형에서 종업원의 만족도, 작업환경의 만족도 등으로 구성된 종
업원관점이 다른 4가지 관점만큼 중요하다는 것을 확인할 수 있다.

(4) Sandia연구소 BSC 모형

　　Jordan(1999)은 미국 에너지부 산하 샌디아 국립연구소(Sandia Natio-
nal Laboratories)의 연구조직에 대한 BSC 적용을 하였다. 성과기반관
리의 일환으로 성과측정을 위해 1996년부터 BSC를 활용해 오고 있다.
샌디아 국립연구소의 경우 BSC 관점을 재무관점(financial perspective),
고객관점(customer perspective), 직원관점(employee perspective), 미
래관점(future perspective), 운영관점(operational perspective), 미션성

---

11) DOT의 BSC 관점별 측정지표는 다음과 같다.

고객관점	종업원관점	내부프로세스관점	학습및성장관점	재무관점
적시성에 대한 만족도, 품질만족도, 미션충족반응에 대한 만족도	종업원 만족도, 전문성·문화·가치·권한위양과 관련된 만족도	IBP시설프로그램 $25,000 이상 규모의 계약비율	교육요구사항을 만족시키는 종업원 비율	비용절감액, 적절한 서비스 계약비율, 상업품의 의무비율

취도(mission success) 6가지로 구분하고 세부지표별로 녹색(정상), 황색(지연), 적색(위험)으로 구분하여 표시하고 있으며, 종합성과 균형점수표는 연구소의 연간 자체평가 시 검토되고 있다. 기관장과 연구소 리더에게 정례적으로 검토할 수 있도록 Web Site에서 운영되고 있다.(이장재 외, 2003)

Sandia 국립연구소 BSC 모형은 미래관점과 미션성취도관점이 별도로 분류되었다. 미래관점의 측정지표는 특허, 소프트웨어의 저작권, 연구원의 상벌, 수탁고, 면허수익(licensing revenue) 등으로 연구기관의 특성을 반영한 측정지표로 다른 관점보다 중요한 관점으로 볼 수 있다. 미션성취도관점은 샌디아 국립연구소의 상급기관인 미국 에너지부에서 요구하는 정책과 결과물에 대한 연구소 차원의 성공 여부이다. 이 또한 공공기관의 특성을 반영한 관점이라 하겠다. 직원관점은 DOT의 BSC 모형에서 제시한 종업원관점과 동일한 개념이며, 운영관점은 내부프로세스관점과 동일한 개념으로 볼 수 있다.

(5) 미국 회계감사원 BSC 모형

미국 회계감사원(1998)은 미국 회계감사원의 정보화 성과측정 척도로 BSC관점 4개를 도출하였다. 조직의 전략요구충족 관점(achieving the strategic needs of the enterprise), 고객의 요구충족 관점(satisfying the needs of individual customers), 내부업무 성과향상 관점(addressing internal business performance), 혁신과 학습수행 관점(addressing innovation and learning)으로 처음 2개 관점은 정보화가 조직과 개별고객에게 적정한 서비스를 제공하고 있는가를 나타내고 나머지 2개 관점은 정보화부서가 정보화 서비스를 제공하는 고유의 역량에서 어느 정도 성과를 향상시키고 있는가를 제시하는 것이다.

미국 회계감사원의 BSC 모형은 조직의 전략요구충족 관점으로 조직의 전략을 성취하는 데 지원하는 방식을 측정하는 것에 초점을 맞추었다. 즉 조직의 목적과 방침에 부합하도록 연계되어 있는가 여부의 지표들로 구성되었다. 조직의 전략요구충족 관점은 샌디아 국립연구소의 미션성취도관점과 유사한 개념의 관점으로 볼 수 있겠다.

(6) 미국 플턴카운티 교육청 BSC 모형

캐플런과 노턴(2004)은 미국 플턴카운티 교육청(이하 FCSS라고 함)은 학생성취도, 고객 및 이해관계자의 만족, 효율적인 교육행정프로세스, 학습과 성장, 재무 관점으로 〈그림 3-4〉와 같이 BSC 모형을 도출하였다. 상세지표로는 학생성취도는 교과과정의 숙달과 전국적인 경쟁력 제고로 이해관계자의 참여 및 만족은 안전하고 풍요로운 학교환경과 지역사회의 참여로 효율적인 교육행정프로세스는 수업의 효과성, 안전하고 효율적인 학생수송, 영양가 높은 학생급식으로 학습과 성장관점은 교사역량강화와 만족도로, 재무관점은 견실한 재무관리로 구성하였다.

<그림 3-4> 미국 플턴카운티 교육청 BSC 모형

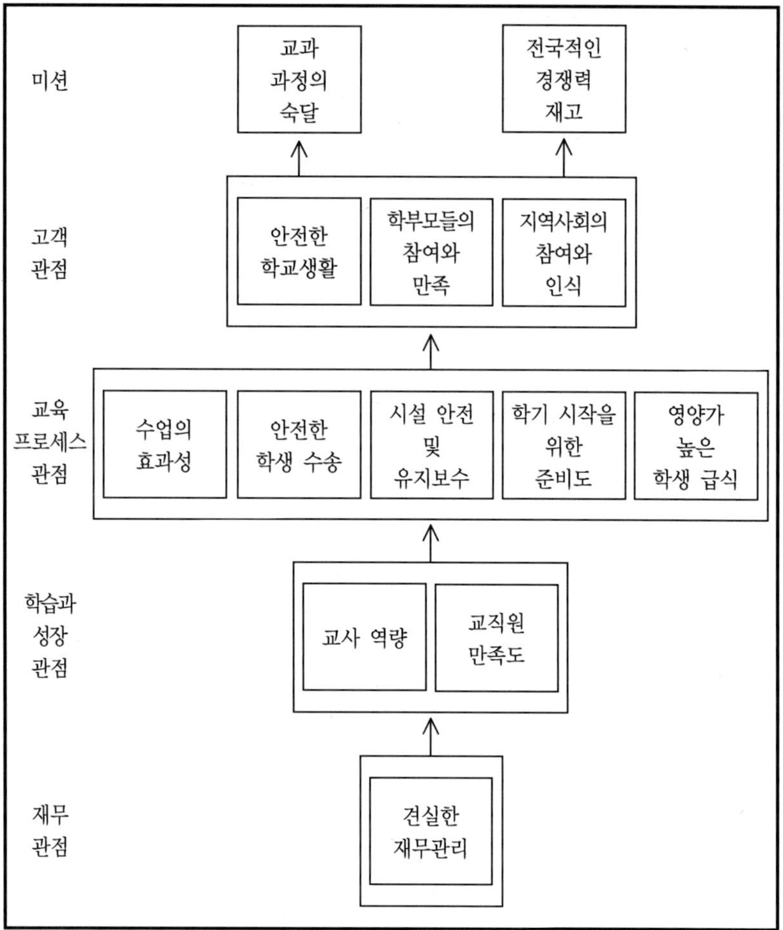

FCSS의 BSC 모형에서 학생성취도 관점은 FCSS의 설립목적과 전략을 성취하는 핵심성공요인으로 구성된 관점으로 Sandia 연구소의 미션성취도관점과 미국 회계감사원의 전략요구충족관점과 유사한 관점이라 하겠다. 특이한 점은 고객관점이 인과사슬에서 최상위에 위치하였는데 이것은 FCSS의 특성과 미션을 고려한 사항이며, 고객을 학

생·학부모와 이해관계자로 정의하였기 때문이다. 또한, 재무관점이 최하위관점에 위치하였는데 이것은 공공기관으로서 재무관점의 특성이 반영된 사항이라 하겠다.

(7) 박물관, 대학 BSC 모형

Olve et al.(1999)은 BSC 모형을 공공부문에 적용할 경우 공공기관의 설립동기가 이익추구에 있기보다는 공익성 추구에 있으며 장기적 시각을 가지고 사업을 영위하고 효익이 단기적 이익의 형태로 당장 가시화되지 않기 때문에 영리기업과는 다른 BSC 모형이 도출되어야 한다. 따라서 관점의 대체나 새로운 관점의 추가가 필요하다고 주장하였다. 예를 들면, 박물관의 경우 전시관점, 방문객관점, 재무관점, 부흥(renewal)관점을 도출하였고 대학의 경우 교육관점, 학생관점, 재무관점, 강좌및인석사원관점을 도출하였다. Olve et al.는 박물관과 대하에서 도출한 관점과 Kaplan의 기본모형인 4가지 관점과의 관계 및 Olve et al.가 제시한 관점분야를 〈표 3-2〉와 같이 비교하여 제시하였다. 외적 관점과 내적 관점은 각각 고객관점과 내부프로세스관점에 해당되고 전방관점과 후방관점은 학습 및 성장관점과 재무관점에 해당된다.

Olve et al.(1999)은 대학의 재무관점은 졸업생과 관련해 그들의 숫자, 질, 사회진출의 직업 등으로 표현하여 재무적 관점의 표현보다는 성과관점으로 표현하였다. 지방자치단체의 경우 고객관점을 관계관점으로 확장시킴으로써 지방자치단체의 행위들과 관련된 환경의 변화를 지역주민과 관계에서 찾을 수 있다. 프로세스관점은 다양한 공공부문의 활동을 흐름 및 프로세스관점으로 고려되는 것보다 활동들로 묘사되는 것이 바람직하여 활동관점으로 제시하였다. 미래관점은 당해 동안 아무런 활동이나 성과가 나타나지 아니하였어도 도로 및 거리 유지·보수처럼 미래에 대한 필요들이 묘사되어 학습 및 성장관점보다 미래관점으로 제시하였다.

<표 3-2> Olve et al.와 Kaplan & Norton의 관점 비교

Olve et al.관점			Kaplan 관점
Olve et al.관점	박물관	대학	
내적 관점 (Inward)	활동관점	전시관점	교육관점	내부프로세스 관점
외적 관점 (Outward)	관계관점	방문객관점	학생관점	고객관점
후방관점 (Backward)	성과관점	재무관점	재무관점	재무관점
전방관점 (Forward)	미래관점	부흥(Renewal) 관점	강좌개발 및 인적자원관점	학습 및 성장관점

자료: Olve et al.(1999) p.303 내용을 참조하여 재구성함

3. 선행연구를 통한 공공기관의 BSC 관점 정리

지금까지 선행연구를 통해 종합해볼 때 공공기관의 BSC 관점은 재무관점, 고객관점, 내부프로세스관점, 학습 및 성장관점, 종업원관점, 미션성취도관점을 중심으로 <표 3-3>과 같이 정리할 수 있다. 대부분 Kaplan의 기본모형과는 달리 대상기관의 특성을 고려한 관점의 대체나 추가가 있었다. 즉 BSC의 기본논리는 각 시각 및 측정지표 간의 균형이 장기적인 생존 및 수익성을 보장해 줄 수 있지만, 공공기관은 그 목표가 공익성과 기업성을 동시에 추구하므로 이에 대한 관점상의 대체물을 발견하거나 새로운 관점의 추가가 있어야 할 것이다.(Olve et al.,1999)

<표 3-3> 선행연구된 공공기관의 BSC관점 비교

구분	재무 관점	고객 관점	내부프로세 스관점	학습 및 성장관점	종업원 관점	미션성취 도관점
Kaplan 기본모형	○	○	○	○	×	×
Charlotte市	○	○	○	○	×	×
May Institute	○	○	○	○	×	×
미국 DOT	○	○	○	○	○	×
Sandia 연구소	○	○	○ (운영관점)	○ (미래관점)	○	○
미국 회계감사원	×	○	○	○	×	○ (전략요구 충족관점)
FCSS	○	○	○	○	×	○ (학생성취 도관점)
박물관	○	○ (방문객관점)	○ (전시관점)	○ (부흥관점)	×	×
대 학	○	○ (학생관점)	○ (교육관점)	○ (인적자원관점)	×	×

선행연구의 공통적인 특징을 구체적으로 살펴보면 다음과 같다. 첫째, 관점이 대체되거나 추가되었다. 일반적으로 영리기관의 경우 Kaplan의 기본모형에서는 재무적 관점, 고객관점, 내부프로세스관점, 학습과 성장관점으로 4개 관점에서 BSC 모형을 살펴볼 수 있지만 공공기관은 4개 이상의 관점이 필요하여 추가되거나 대체되었다. 공공기관은 인력 및 예산 확보절차, 비전 설정과정 등에서 영리기업과는 달리 특이한 사항이 반영된 사항으로 볼 수 있다. 〈표 3-3〉에서 대체된 관점은 ( )로 표시된 10개 관점으로 Sandia연구소의 ① 운영관점 ②

미래관점과 미국 회계감사원의 ③ 전략요구충족관점 ④ FCSS의 학생성취도관점과 Olve et al.의 박물관의 ⑤ 방문객관점 ⑥ 전시관점 ⑦ 부흥관점과 Olve et al.의 대학의 ⑧ 학생관점 ⑨ 교육관점 ⑩ 강좌개발및인적자원관점이다. 또한, 추가된 관점은 DOT, Sandia연구소, 미국 회계감사원, FCSS에서 제시한 ① 종업원관점과 ② 미션성취도관점이다. 미션성취도관점은 상급기관 또는 국회·국민 등에서 해당기관에 요구하는 정책과 이에 대한 결과물에 대한 성공 여부를 확인하는 관점으로 공공기관의 특성을 반영한 중요한 관점이라 하겠다. 종업원관점은 인적자원을 강조한 관점으로 종업원 개개인의 능력과 새로운 분야를 개발할 수 있는 능력을 강조한 관점이라 하겠다.

둘째, 관점의 내용에서 차이가 있다. Eickelmann(2001)은 공공기관과 영리기업의 관점상 핵심성과지표 측정 시 주안점의 차이를 〈표 3-4〉로 비교하였다. 주요한 차이점으로 영리기업의 재무적 관점은 이익극대화로 구성되지만, 공공기관의 재무적 관점은 이익의 규모 그 자체보다는 출연금을 합리적이고 효율적으로 사용하고 있는 자금상의 효율성 측면과 출연자가 출연한 자본의 가치가 제대로 유지되고 있음을 나타내는 자본유지에 대한 관점으로 구성되어 있다. 또한, 영리기업의 고객관점에 대한 핵심성공요인은 일반적으로 수익성 있는 고객의 요구로 볼 수 있지만, 공공기관의 고객관점에 대한 핵심성공요인은 일반적으로 납세자, 감사인, 입법자의 요구가 될 것이다. 이러한 관점의 개념상 차이는 핵심성공요인과 핵심성과지표 등에서도 차이가 있으며, 선행연구에서도 이를 확인할 수 있다.[12]

---

12) Arveson은 공공기관과 영리기업의 BSC측정 시 주안점을 다음과 같이 비교하였다.

〈표 3-4〉 Eickelmann의 공공기관과 영리기업의 관점별 비교

관 점	공공기관	영리기업
재무관점	효율적인 자원활용, 임무완수	수익, 높은 수익, 재무적 성취
고객관점	국민정서 파악	수익성 고객 확보
프로세스관점	자원할당 과정의 효율성	낮은 생산비용, 과정의 최적화
학습 및 성장관점	생산성 향상, 지식관리	높은 성과, 전사적 자원관리

셋째, 공공기관의 BSC관점에서는 재무적 관점과 고객관점의 위계(位階)가 다르다. 공공기관의 경우 영리기관과 비교하여 제한된 예산, 공공기관 조직이 행하는 업무의 유형, 조직의 구조, 공공기관 내의 조직문화 등으로 BSC 관점의 위계가 바뀔 수 있다. 공공기관의 BSC 모형에서 재무관점은 고객의 성공을 가능하게 하는 수단에 불과하지만 예산범위 내에서 조직을 운영해야 하는 제약사항으로 볼 수 있다. 공공기관의 궁극적인 목표는 재무적인 성공을 거두는 것이 아니라 그들의 미션과 고객의 요구사항을 충족시키는 것이다. 〈그림 3-2〉의 Charlotte시 BSC 모형, 〈그림 3-3〉의 May Institute BSC 모형, 〈그림 3-4〉의 플턴카운티 교육청 BSC 모형에서 고객관점이 최상위에 있

전 략	공공기관	영리기업
전략목표	효과적인 임무달성	경쟁력
재무목표	효율성, 비용감소	이윤, 성장, 시장점유율
가 치	공공의무, 성실성, 공정성	혁신, 창조, 신용도, 인지도
이해관계자	납세자, 감사인, 입법자	주주, 소유주, 시장
예산 결정시 우선순위	입법자, 지도자, 기획인력	고객 요구
비밀보호	국가안전보장	지적자산 및 독점지식의 보호
주요성공요인	우수관리사례, 규모의 경제 등	성장률, 매출액, 시장점유율 등

으며, 재무관점은 고객관점보다 우선순위가 낮게 위치하였다. Niven(2002)은 BSC 구축 시 예시로 〈그림 3-5〉를 제시하였다. 재무관점은 재무안정성관점에 비중을 두어서 이익극대화를 추구하는 기업의 전체적인 목적과는 달리 제약요소로 된 경우로 BSC의 유연성에 대한 좋은 사례라고 할 수 있다.

〈그림 3-5〉 Niven의 BSC 예시

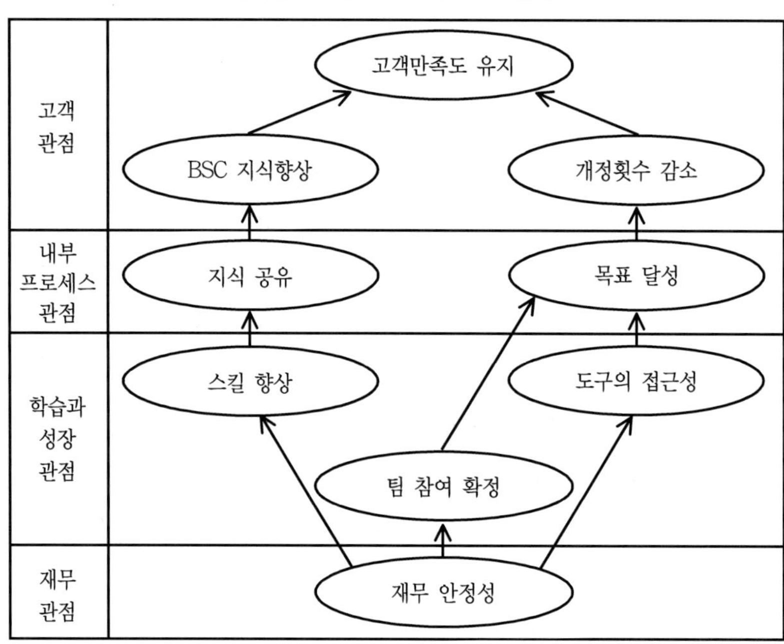

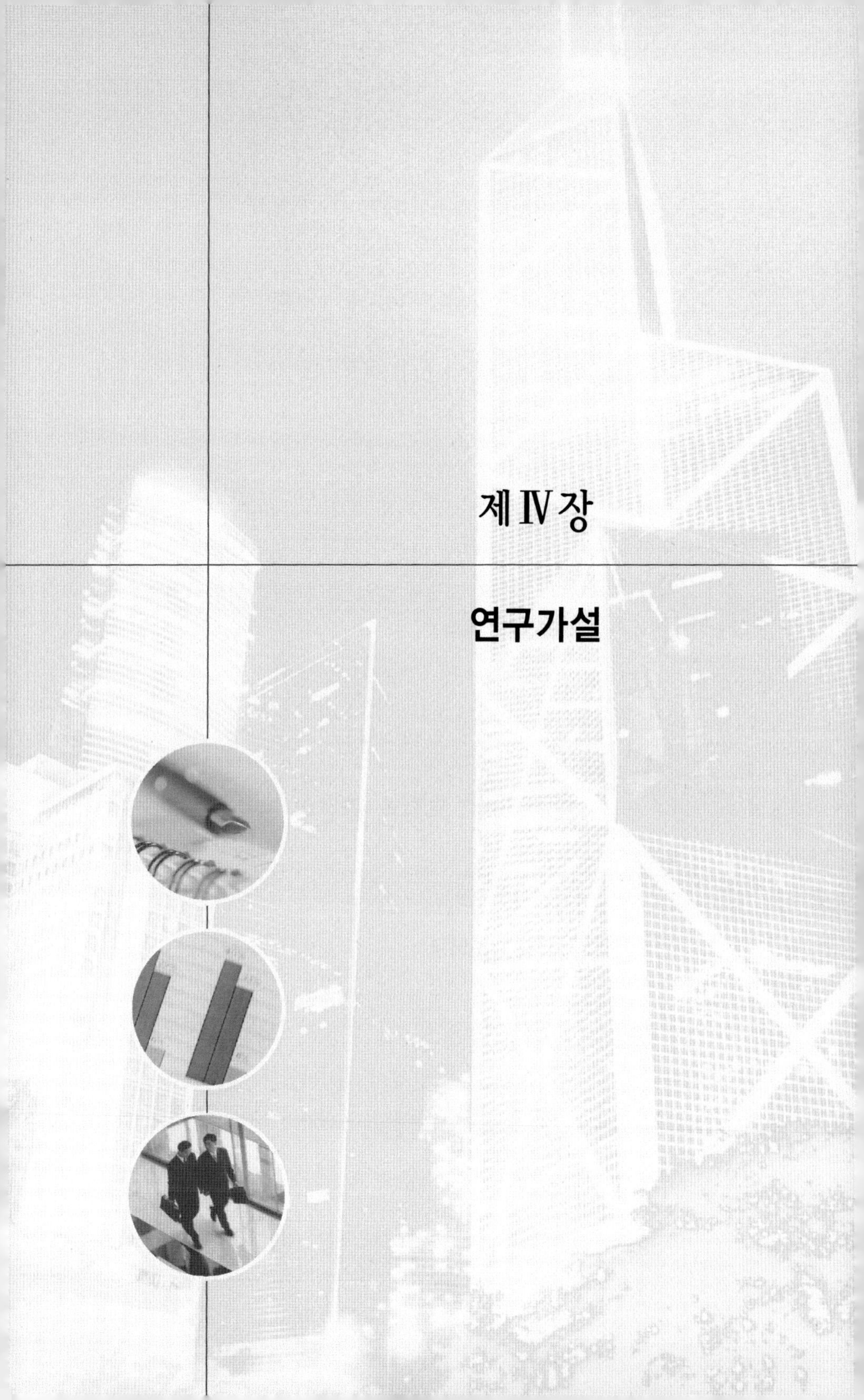

제 Ⅳ 장

연구가설

본 장에서는 BSC를 활용하여 현행 기관평가제도의 유효성을 검증하기 위하여 연구회 간 관점의 가중치 가설과 연구회별 관점의 가중치 가설을 도출한다. 가설의 도출에 앞서 출연연구기관의 특성을 고려한 BSC 모형과 관점을 제시한다.

제1절 BSC 모형과 관점의 도출

1. 연구기관의 BSC 기본모형

연구기관의 BSC 기본모형은 BSC를 구성하는 미션과 관점 간의 인과관계를 고려하여 〈그림 4-1〉과 같이 제시하였다.

<그림 4-1> 연구기관의 BSC 기본모형

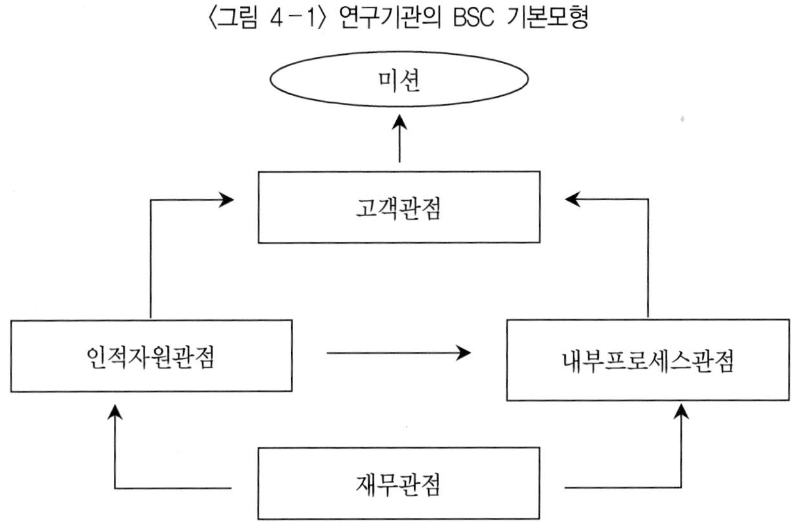

　〈그림 4-1〉모형은 새롭게 제시한 모형이 아니라 Kaplan과 Norton(2001)
이 제시한 May Institute의 BSC 모형인 〈그림 3-3〉에서 미션에의
방향성을 추가한 것이다.[13] 다만, May Institute의 BSC 모형에서의
학습과 성장관점은 혁신, 성장·학습, 인적자원 등을 포괄하고 있지만
본 연구의 기본모형에서는 연구기관의 특성을 고려하여 인적자원관점
으로 단순화하였다.

---

13) Kaplan & Norton의 May Institute BSC 모형

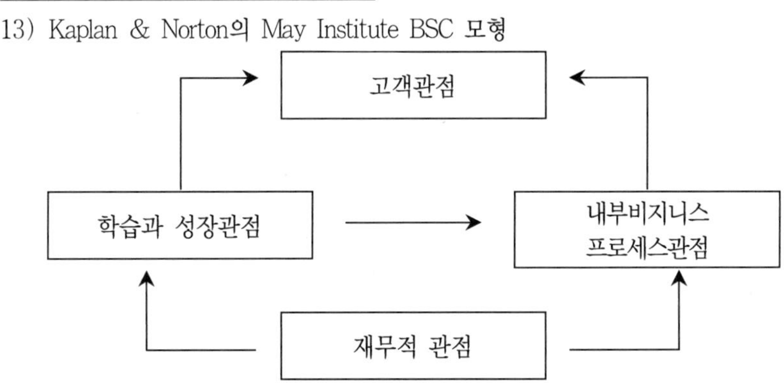

　May Institute의 BSC 모형을 이용하여 연구기관의 기본모형을 제시한 이유는 다음과 같다. 첫째, May Institute는 본 연구의 대상인 출연연구기관과 유사한 공공기관이며 연구기관이다. 미션을 달성하기 위한 관점 간의 노력과 관점 간의 인과관계가 유사하다고 볼 수 있다. 둘째, May Institute BSC 모형에서 고객관점은 상위관점에 있으며, 재무관점은 하위관점에 있다. 고객관점은 공공기관이 달성하려는 미션과 고객을 만족시키는 책무를 잘 표현하고 있다. 연구기관의 미션은 창조적인 연구개발과 이를 필요로 하는 수혜자에게 연구성과를 보급하는 것으로 볼 수 있다. 또한, 재무적 개념은 〈그림 3-5〉의 Niven의 BSC 모형과 동일하게 재무안정성에 비중을 두어 이익극대화를 추구하는 기업의 전체적인 목적과는 달리 미션을 달성하기 위한 제약사항으로 보고 있다. 즉 연구성과물을 얻기 위해서 재무관점은 내부프로세스관점과 인적자원관점을 통해서 연구성과물을 필요로 하는 수혜자 중심의 고객관점과 인과사슬을 구성한다고 볼 수 있다.

　연구기관의 특성상 연구자와 관리자가 없이 연구결과물을 산출하거나 기관운영의 효율성을 제고하기가 어렵다. 즉 인적자원관점은 연구결과물을 필요로 하는 수혜자 중심의 고객관점과 효율적인 기관운영의 내부프로세스관점에 영향을 미칠 것이다. 내부프로세스관점은 연구기관에 미션을 달성하기 위하여 연구기관 차원에서 구체적인 연구방향과 이를 달성하기 위한 기본적인 인프라인 연구 장비, 연구생산성 향상을 위한 연구행정의 관리체계로 구성된다. 즉 내부프로세스관점은 연구성과물을 얻기 위한 고객관점에 영향을 미칠 것이다.

　고객관점은 연구기관의 주요 산출물인 연구결과물의 수혜자를 중심으로 설정한 관점으로 미션을 달성하기 위한 결과관점으로 내부프로세스관점과 인적자원관점과 인과사슬을 구성한다고 볼 수 있다.

지금까지의 관점 간 인과사슬 관계를 종합하면, 연구기관은 미션을 달성하기 위하여 연구성과물의 수혜자 중심인 고객관점과 인과사슬을 형성하고 고객관점은 내부프로세스관점과 인적자원관점과 인과사슬을 형성하며 내부프로세스관점과 인적자원관점은 재무관점과 인과사슬을 형성한다고 볼 수 있다.

2. 우리나라 출연연구기관의 BSC 관점 분석

앞 절에서 살펴본 연구기관의 BSC 기본모형을 기초로 하여 본 연구의 대상인 출연연구기관에 적합한 BSC 모형을 도출하였으며, BSC 모형에 적합한 관점들을 개별적으로 분석하였다.[14]

1) 재무관점

출연연구기관의 재무적 관점은 이미 언급한 것처럼 목표가 아니라 지출을 할당된 예산한도 내로 제한하는 제약조건으로 보아야 한다. 재무적 측면은 특정한 일을 할 수 있게 하거나 혹은 할 수 없게 만드는 요인이 될 수는 있지만 근본적인 목표가 되지는 않는다. 예를 들어 공

---

14) 앞 절에서 제시한 4개 관점의 객관성을 검증하기 위하여 3개 연구회에 소속된 기관평가 담당자 및 부서장을 대상으로 2004년 8월 10일에 전문가 회의를 개최하였다. 전문가 회의의 내용은 첫째, BSC의 기본적인 내용과 본 연구의 필요성 및 목적을 소개하였고 둘째, 본 연구 제3장에서 언급한 선행연구 결과인 공공기관의 BSC관점을 소개하였으며, 셋째, 출연연구기관의 특성에 적합한 6개 관점을 소개한 후 최종 확정하였다. 회의 결과 일부 참석자는 '기관장의 혁신마인드 및 경영혁신실적 관점'의 추가를 요청하였으나 최종적으로 전략방향관점에 포함하기로 하였다.

공기관의 실제 경비가 예산액에 맞게 사용되었다고 하더라도 이것이 공공기관이 일정기간 동안 효과적이고 효율적으로 운영되었다는 것을 의미하지는 않는다. 이와 마찬가지로 예산의 10%로 지출을 줄였다 하더라도 공공기관의 미션과 본래의 목적에 미치지 못하였다면 이는 성공적인 것으로 볼 수 없다.(캐플런 & 노턴, 1998)

출연연구기관은 영리기업과는 달리 수익을 목적으로 존재하는 것이 아니라 정부의 고유한 임무를 수행하기 위해 존재한다. 즉 출연연구기관의 기능은 국가 정책의 필요에 의하여 수행되어야 하는 임무를 토대로 정의되며 이것은 출연연구기관의 설립 시 법령에 규정되거나 정관에 명시되어 임무 수행의 권한을 위임받는다. 정부기관의 예산은 업무결과의 성과에 의해서 배정되는 것이 아니며, 본질적으로 정부의 기능인 임무수행을 위하여 배정된다.

출연연구기관은 연초에 사업계획을 잡고 기획예산처로부터 예산을 배정받은 후 예산이 조정되는 경우가 드물다. 즉 영리기업은 목표 달성을 위한 도구로 예산을 사용하여 사업수행에 따라 예산액을 증액 또는 감액하지만, 출연연구기관은 연초에 충분한 예산을 설정하여 집행한 후 연말에 예산이 남을 경우 차년도로 이월하는 보수적인 예산 집행을 한다.

재무관점을 기업의 성과로 평가하는 실무적 사례에서는 성장성, 활동성, 수익성, 안정성을 지표로 사용하여 평가되고 있지만,(우카쿠, 1997) 출연연구기관의 재무관점은 기획예산처의 예산지급 시스템과 연구기관의 보수적인 예산 운영에 따라 안정성에 많은 비중을 둔다. Niven(2002)이 제시한 BSC사례에서도 재무관점을 안정성에 비중을 둔 사례를 확인할 수 있다.15)

---

15) 또한, 3개 연구회의 이사회 예산 중 국무조정실에서 지원되는 정부출연

현행 기관평가지표에서 이러한 측면을 고려하여 주요 핵심성과지표를 도출한다면 퇴직금 운영의 안정성, 임무완수에 필요한 재원확보의 노력, 예산·결산운용의 건전성 등이 될 것이며, 이들을 설명할 수 있는 관점은 재무관점으로 볼 수 있다.

2) 고객관점

영리기업의 고객관점은 고객이 서비스에 대한 대가를 지불함과 동시에 해당 서비스를 받게 된다. 두 가지 수수(授受)관계의 역할은 상호 보완적이기 때문에, 소비자들은 두 가지를 결코 분리해서 생각하지 않는다.(캐플런 & 노턴, 2001) 그러나 출연연구기관의 고객관점은 서비스에 대한 대가를 지불하는 기증자(주로 국가)는 재원을 제공하고, 연구성과물을 필요로 하는 수혜자는 국가뿐만 아니라 대학, 연구소, 기업 등 기술개발 위탁자와 연구성과물의 수요자 및 이용자 등 불특정 다수가 될 것이다.

본 연구에서는 고객관점을 추상적이거나 막연하게 정의하지 않고 출연연구기관의 연구성과물의 수혜자(이용자)로 구체적으로 설정한다. 출연연구기관의 고객은 장기적인 연구성과물을 제공받기 원하는 수혜자와 단기적인 연구성과물을 제공받기 원하는 수혜자로 구체화할 수 있다.

금을 살펴보면, 2001년도 569,927백만 원, 2002년도 670,170백만 원, 2003년도 733,442백만 원, 2004년도 831,361백만 원으로 평균 13% 이상이 증가되었지 감소된 연도는 없었다.(국무조정실, 2004) 그리고 3개 연구회에 소속된 20개 연구기관의 2004년도 예산을 2003년도 예산과 기관별로 증가율은 차이가 있지만 모든 기관이 증가하였다.(국회 정무위원회, 2004)

출연연구기관의 연구성과물에 대한 수혜자는 학계, 산업계, 연구기관 등의 종사자들이 대부분이다.[16] 일반적으로 수혜자가 산업계 종사자는 단기적인 시간에 제공되는 연구성과물인 산업화·실용화 실적 등을 원할 것이고, 수혜자가 학계 종사자는 장기적인 시간에 제공되는 연구성과물인 특허, 논문, 연구보고서 등을 원할 것이다. Brown & Svenson(1988)의 연구개발 성과분류에 따르면, 연구결과에 따른 기술적 성과인 논문, 산업재산권, 연구보고서 등이 장기성과에 해당되고 연구결과 활용에 따른 경제적 성과인 기술상업화, 기술이전, 기술창업 등이 단기성과에 해당된다고 주장하였다.

출연연구기관의 특성에 따라 3개 연구회로 세분화된 것을 고려하면 연구성과물에 대한 분류도 구체적으로 세분화되어야 할 것이다. 예를 들어 기초기술연구회 소속 연구기관은 기초·원천기술을 주로 연구하는 기관으로 대부분의 연구성과물이 특허, 논문 등이나, 산업기술연구회 소속 연구기관은 산업화·상업화를 주로 연구하는 기관으로 대부분의 연구성과물이 기술이전, 기술상업화 등이다. 본 연구의 대상인 20개 출연연구기관은 이처럼 연구기관의 특성에 따라 연구결과물의 수혜자가 달라진다. 따라서 Kaplan의 기본모형에서 제시한 고객관점은 출연연구기관의 수혜자 중심의 고객관점으로 대체할 수 있다. 더 나아가서 고객관점은 연구결과물의 수혜자에 따라 세분화하여 **장기성과고객관점**과 **단기성과고객관점**으로 구분할 수 있다.

현행 기관평가지표에서 이러한 측면을 고려하여 주요 핵심성과지표를 도출한다면 장기성과고객관점은 연구성과물이 수혜자에게 제공되

---

16) 1차 수혜자를 통하여 상품화할 경우 최종적으로는 국민이 수혜자가 될 것이다. 본 연구에서는 최종적인 수혜자가 아닌 1차 수혜자를 중심으로 출연연구기관의 관점을 도출하였다.

는 시간이 장기적이며, 미래의 잠재고객까지 포함된 것으로 특허·논문 등의 연구결과물 등이 해당될 것이다. 단기성과고객관점은 연구결과물이 수혜자에게 제공되는 시간이 단기적이며, 현재 고객을 중심으로 고려한 것으로 연구보고서의 제공, 산업화·실용화 실적, 연구원창업지원, 벤처보육 실적 등이 해당될 것이다.

3) 내부프로세스관점

출연연구기관의 내부프로세스관점은 연구기관의 특성상 **전략수립관점**과 **연구관리관점**으로 세분화할 수 있다. 전략수립관점이란 상급기관이나 이사회에서 결정된 사항을 달성하기 위한 구체적인 전략방향이며, 연구관리관점이란 장·단기 연구성과물을 극대화하기 위하여 기관차원이 연구관리 운영의 효율성 제고를 위한 활동, 절차이다.

출연연구기관의 조직에는 일반적으로 연구관리부서가 있다. 연구관리부서는 연구프로젝트의 관리와 연구 장비·시설의 운영, 산·학·연 협동연구의 활성화 업무 등을 수행한다. 이러한 지원업무의 목표는 우수한 연구성과를 도출하기 위함이다. 연구관리란 좋은 테마를 설정하고 그것을 좋은 프로세스로 진행시켜서 좋은 성과를 도출하는 일련의 행위이다.(후쿠이 타다오키, 2000)

출연연구기관의 연구관리관점에는 출연연구기관의 기관운영의 효율성 제고를 위한 활동, 절차, 프로그램이 적절히 수행되고 있는가를 측정할 수 있는 지표가 포함되어야 한다. 그러나 이러한 지표는 장기성과(특허·논문 등)에 주력하는 기관과 단기성과(실용화·산업화 등)에 주력하는 기관과는 서로 다를 것이다.

연구관리관점은 우수한 연구성과를 도출하기 위한 스탭(staff)관점으로서 연구계획, 연구기획, 연구정책, 전략기획, 연구관리, 연구성과, 기술이전 등의 관리가 포함될 것이다. 현행 기관평가지표에서 이러한 측면을 고려하여 연구관리관점의 주요 핵심성과지표를 도출한다면 연구사업별 추진계획 및 관리시스템, 내부 인프라구축 상태, 연구 장비·시설·인프라 구축상태 등이 될 것이다.

출연연구기관의 내부프로세스관점을 세분화한 전략방향관점은 출연연구기관의 특성상 추가된 관점으로 볼 수 있다. 출연연구기관의 전략방향에 대한 구체적인 프로세스는 소속 연구회의 이사회를 통하여 나타난다. 출연연구기관의 전략방향은 이사회가 정부의 전략목표를 고려하여 설정하며, 매년 기관평가 시 중요한 평가지표로 구성된다. 평가결과에 따라 연구기관의 예산 배분 시 차등 적용, 연구기관장의 임면과 연봉의 차등 적용, 각종 인센티브의 차등지급이 이루어지고 있어 연구기관 측면에서는 매우 중요한 관점이라 할 수 있다.

미국 회계감사원의 전략요구 성취관점과 Sandia연구소의 미션성취도관점이 전략방향관점과 동일한 관점이라 하겠다. Sandia연구소의 경우 상급기관인 미국 에너지성에서 요구하는 정책과 연구결과물을 달성하기 위한 연구소 차원의 구체적인 전략방향이다

전략방향관점은 출연연구기관의 상급기관인 국무총리실에서 요구하는 정책과 목표를 연구소 차원에서 임무를 완수하기 위한 구체적인 실천방향으로 출연연구기관의 구성원 개개인의 실천목표가 될 것이며 개개인 평가의 지표로 활용될 수 있다. 예를 들어, 한국화학연구원의 경우 2001년도까지는 상급기관에서 요구하는 전략방향에 화학공업과 관련된 과학기술의 연구와 안전성평가로 설정되었으나, 2002년부터는 안전성평가와 관련하여 별도의 기관인 안전성평가연구소가 설립되어 한국화학연구원의 전략적 실천방향에서 제외되었다. 이후 한국화학연

구원의 전략방향에서는 안전성평가와 관련된 평가지표는 제외되었고 이에 따라 조직 구성원의 평가지표에서도 제외되었다. 이처럼 상급기관에서 요구하는 방향에 따라 구체적인 실천프로세스가 전략방향관점이라 하겠다. 이러한 전략방향관점은 BSC 구성요소에서 최상위에 위치하는 미션과 전략이 아니라 정부가 각 연구기관에 요구하는 미션을 효율적으로 달성하기 위한 구체적인 방향관점이다.[17]

기획예산처는 2005년도부터 「정부산하기관관리기본법」에 따라 88개 정부 산하기관의 경영실적 평가를 위한 성과관리제도에서도 전략방향 항목을 포함시켜 추진하고 있다.(기획예산처, 2003) 구체적인 평가지표로 비전달성을 위한 최고 경영진의 리더십과 성과이며, 이를 평가하기 위한 세부 평가기준으로 설립목적, 경영철학 및 국정이념 등을 반영한 중장기 비전, 기관의 미션과 사업 간의 연관성을 요구하고 있다. 각 부처의 산하기관은 반드시 사전에 상급기관과 전략목표 – 성과목표 – 사업목표를 협의하도록 명문화되어 있어 상급기관이 요구하는 방향으로 전략목표를 설정할 수밖에 없다.

현행 기관평가지표에서 이러한 측면을 고려하여 주요 핵심성과지표를 도출한다면 연구사업분야의 국가전략목표와 기관발전목표의 부합성, 연구사업분야 추진전략의 적정성, 사업기획의 적절성 등이 될 것이다.

4) 인적자원관점

Kaplan의 기본모형의 학습과 성장관점에서는 혁신, 성장·학습, 인

---

17) BSC 구성요소는 비전 ← 전략 ← 관점 ← 핵심성공요인 ← 핵심성과지표 ← 인과관계 ← 피드백으로 이루어진 체계에서 전략과 전략방향관점은 개념이 다르다. 즉 전략은 BSC 구성요소 중의 하나이며, 전략방향은 출연연구기관의 특성을 고려하여 도출된 BSC 관점 중의 하나이다.

적자원 등을 포괄하고 있지만, 출연연구기관의 경우 인적자원관점으로 구체화하였다. 출연연구기관은 다른 조직에 비하여 연구자 개개인의 성과창출능력에 의존하고 있으며, 자기 분야의 최신정보를 습득하여 새로운 분야를 개발하기 위하여 현재 능력이 중요하다. 영리기업의 경우 직원의 현재 능력보다는 교육훈련, 학습과 혁신 등으로 기업의 미래를 준비하기 위한 미래 능력을 중시하고 있다. 미국 DOT, Sandia연구소의 BSC 모형에서도 인적자원의 중요성을 강조하면서 학습 및 성장관점에서 분리하여 종업원관점을 제시하였다.

최석식(2000)에 따르면, 출연연구기관의 재직연구원의 학위별 구성현황은 박사가 40%, 석사가 47%로 전문지식을 갖추고 있으며, 신규채용 시 선호하는 학력으로 대부분이 박사학위 소지자로 전공분야가 구체화되어 있다.[18] 이것은 인력을 채용한 후 관련 연구분야에 추가적인 교육훈련과 학습을 통하여 활용하기보다는 채용과 동시에 연구분야에 활용하는 출연연구기관의 특성이 반영된 사항으로 볼 수 있다.

출연연구기관의 경우 신규인력은 반드시 소액의 프로젝트의 연구책임자로 1년 미만의 연구기간으로 연구를 수행해야 하며, 연구결과에 대한 평가도 엄격하게 시행하여 재계약 여부의 자료로 활용하고 있다. 이것은 신규 채용으로 교육훈련이나 학습 등으로 미래의 능력을 준비하기보다는 현재의 개개인에 대한 능력을 중요시한다는 것이라 하겠다. 즉 선발된 인력의 전공, 학습수준이 높아서 채용 후 학습으로 습득되기에는 한계가 있다. 따라서 Kaplan의 기본모형의 포괄적인 학습과 성장관점보다는 출연연구기관의 특성이 고려된 구체적인 인적자원

---

18) A 출연연구기관의 신규인력 채용공고 내용을 살펴보면, 전기·전자분야에서 전자회로 및 소재기술 중 반도체메모리 소재기술과 반도체 소재특성평가기술을 전공한 박사학위자로 영어로 의사소통이 가능한 자로서 전공분야가 구체화되었음을 확인할 수 있다.

관점으로 관점의 전환이 필요하다.

현행 기관평가지표에서 이러한 측면을 고려하여 주요 핵심성과지표를 도출한다면 전문인력 운영의 적정성, 인력구성의 건전성, 개인 업적평가 시스템의 합리성 등이 될 것이다.

3. 우리나라 출연연구기관의 BSC 확장모형

출연연구기관의 특성과 미션을 고려하여 재무관점, 고객관점, 내부프로세스관점, 인적자원관점을 도출하였다. 고객관점은 장기성과고객관점과 단기성과고객관점으로 구체화하였으며, 내부프로세스관점은 연구관리관점과 전략방향관점으로 구체화하여 총 6개 관점을 도출하였다.

관점을 구체화한 이유는 본 연구의 대상인 기초기술연구회, 산업기술연구회, 공공기술연구회의 특성과 미션을 고려하였기 때문이다. 즉 고객관점인 장기성과고객관점과 단기성과고객관점의 경우 기초기술연구회의 주요 미션은 기초·원천기술개발사업이며, 산업기술연구회의 주요 미션은 산업화·상업화기술개발사업으로 연구회 간 미션이 달라서 관점 간의 BSC 모형이 달라질 수 있다. 또한, 내부프로세스관점인 연구관리관점과 전략방향관점의 경우 연구회 간 미션이 다르기 때문에 연구기관 차원의 구체적인 미션설정과 추진방향이 달라질 수 있다. 6개 관점을 고려하여 출연연구기관의 BSC 확장모형은 〈그림 4-2〉와 같이 제시할 수 있다.

<그림 4-2> 출연연구기관의 BSC 확장모형

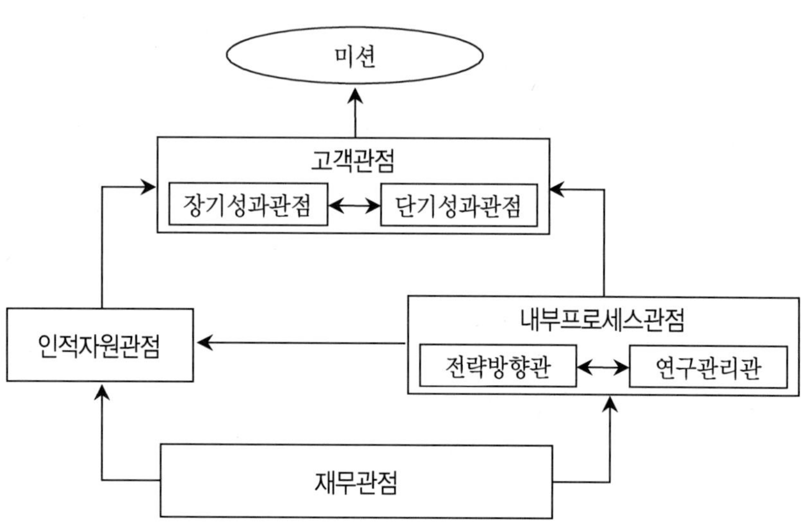

BSC 확장모형은 이미 도출한 BSC 기본모형에서 고객관점을 장기성과고객관점과 단기성과고객관점으로 구체화하였으며, 내부프로세스관점을 전략방향관점과 연구관리관점으로 구체화한 것이다.

장기성과고객관점과 단기성과고객관점은 상호 영향을 미친다. 예를 들어, 기초기술연구회는 기초·원천기술개발을 주로 연구하는 기관으로 장기성과물(논문, 연구보고서 등)에 주력하지만, 연구수행 중 부수적으로 단기성과물(기술이전, 기술창업 등)을 얻을 수 있다. 이와는 달리 산업기술연구회는 산업화·상업화기술개발을 주로 연구하는 기관으로 단기성과물에 주력하지만, 연구수행 중 부수적으로 장기성과물을 얻을 수 있다.

전략방향관점과 연구관리관점은 상호 영향을 미친다. 예를 들어, 연구기관 차원의 미션을 달성하기 위한 전략방향이 결정되면 이것을 효율적으로 달성하기 위하여 연구관리 프로세스와 직접적인 인과관계를 형성할 것이고 효율적인 연구관리 프로세스는 연구기관 차원의 미션을 달성하는 데 영향을 미칠 것이다.

제2절 가설 설정

제2장 제1절에서 연구기관의 특성에 따라 3개 연구회로 분류한 바 있다. 이러한 연구회별 분류에 따라 이미 도출한 6개 관점 간의 가중치가 달라질 수 있을 것이다. 본 절에서는 출연연구기관의 특성을 고려하여 연구회 간 관점의 가중치 가설과 연구회별 관점의 가중치 가설을 도출하였다.

1. 연구회 간 관점의 가중치 가설

BSC를 구성하는 요소 간의 인과관계는 조직차원에서 미션과 관점 간의 긴밀한 인과사슬로 구성된다. 미션이 다른 조직은 BSC를 구성하는 관점 간의 인과사슬의 구성관계에서도 달라진다. 김희경 · 성은숙(2001)과 Olve et al.(1999)에 의하면, 기업마다 가치 창출의 근원이 다르기 때문에 관점의 수가 달라지며 기관특성을 고려하여 미션과 목표를 설정한 후 이를 실천하기 위한 핵심성과지표를 도출할 경우 인과사슬 모형에서 관점 간의 가중치(weight)가 달라진다고 하였다. Olson & Slater(2002)의 연구에서도 BSC는 각 관점들의 중요성을 결정하는 기준을 조직의 미션으로 보고 구체적인 방향을 제시하고 있다. 조직이 선택하고 있는 미션의 특성에 따라 BSC의 4가지 관점에 대한 가중치가 다르다고 주장하였다. 3개 연구회별로 설립목적과 미션이 다르기 때문에 관점 간의 가중치도 다를 것이다.

1) 고객관점

앞 절에서는 고객관점을 수혜자 중심으로 구체화하여 장기성과고객관점과 단기성과고객관점으로 구분한 바 있다. 또한, Brown & Sven-son(1988)의 연구개발 성과분류에 따르면 장기성과는 연구결과에 따른 기술적 성과인 논문, 산업재산권, 연구보고서 등이 해당되고 단기성과는 연구결과 활용에 따른 경제적 성과인 기술상업화, 기술이전, 기술창업 등이 해당된다고 주장하였다.

출연연구기관의 특성에 따라 3개 연구회로 세분화된 것을 고려하면 연구성과물에 대한 분류도 구체적으로 세분화되어야 할 것이다. 예를 들어 기초기술연구회 소속 연구기관은 기초 · 원천기술을 주로 연구하는 기관으로 대부분의 연구성과물이 특허, 논문 등이나, 산업기술연구회 소속 연구기관은 산업화 · 상업화를 주로 연구하는 기관으로 대부분의 연구성과물이 기술이전, 기술상업화 등이 될 것이다. 따라서 연구회 간 관점의 가중치는 다를 것이다.

3개 연구회 간 장기성과고객관점과 단기성과고객관점 간의 가중치(weight)는 소속 연구기관의 예산구조와 관계가 있다고 생각한다. 연구회의 예산은 매년 기획예산처와 국무총리실에서 받아오고 있다. 연구회는 받아온 예산을 적절한 기준에 따라 다시 소속 연구기관에 배분한다. 연구기관의 예산은 안정적인 정부출연금 예산과 대학 · 민간

연구소·타 출연연구기관과 경쟁하여 확보하는 수탁사업비로 크게 나눌 수 있다. 연구회에서 배분하는 출연연구기관의 예산이 부족할 경우 자체수입과 외부 수탁사업으로 예산을 확보해야 한다. 따라서 연구기관의 총예산 중 정부출연금 예산 비중이 낮을수록 산업화, 기술이전, 상업화 연구에 주력하여 수탁사업에 전념할 수밖에 없다.

연구회별 미션을 고려할 경우 산업기술연구회 소속 연구기관은 산업화·상업화 연구에 주력하여 단기성과물(산업화·상업화 실적, 기술이전)을 얻기 위한 노력을 주로 할 것이다. 따라서 산업기술연구회 소속 연구기관은 조직의 미션을 달성하기 위한 노력의 정도로 단기성과고객관점에 가중치를 크게 둘 것이다. 이와는 반대로 기초기술연구회 소속 연구기관은 조직의 미션을 달성하기 위한 노력의 정도로 장기성과고객관점에 가중치를 크게 둘 것이다.

종합적으로 고려하면, 고객관점 중 장기성과고객관점의 가중치는 3개 연구회 중에서 기초기술연구회가 가장 높고, 단기성과고객관점의 가중치는 3개 연구회 중에서 산업기술연구회가 가장 높을 것이다. 따라서 다음과 같은 가설을 제시한다.

〈가설 1〉 고객관점 중 장기성과고객관점의 가중치는 3개 연구회 중에서 기초기술연구회가 가장 높다.

〈가설 2〉 고객관점 중 단기성과고객관점의 가중치는 3개 연구회 중에서 산업기술연구회가 가장 높다.

2) 재무관점

연구회 간 재무관점의 가중치는 간접적으로 민간수탁금액 비율로
확인할 수 있다. 예산 대비 민간수탁 금액을 비교한 결과 〈표 4-1〉과
같이 나타났다. 2000년도에는 산업기술연구회가 16.29%로 가장 높았고,
기초기술연구회가 3.58%로 가장 낮았다. 2001년도에도 역시 산업기술연
구회는 14.52%로 가장 높았고, 기초기술연구회는 3.5%로 가장 낮았다.

〈표 4-1〉 연구회 간 총예산 대비 민간수탁액 비율

(단위: 백만 원)

연구회	2000년			2001년		
	예산	민간수탁액	비율	예산	민간수탁액	비율
기초	234,514	22,247	3.58%	263,514	18,355	3.55%
공공	484,260	30,182	10.03%	488,325	28,635	7.92%
산업	606,911	52,775	16.29%	632,461	42,283	14.52%

자료원: 정부출연기관 현황, 기획예산처, 2001

민간수탁금액의 비율이 높을수록 정부에서 지원하는 예산이 낮아지
고 부족한 정부예산만큼은 민간수탁금액으로 채워야 하나, 민간수탁은
타 기관과 경쟁하여 수탁받기 때문에 상대적으로 조직차원에서는 재
무관점의 가중치를 높게 설정할 것이다. 민간수탁금액 비율이 높은 산
업기술연구회 소속 연구기관은 조직차원에서 재무관점의 가중치를 상
대적으로 높게 둘 것이며, 민간수탁금액 비율이 낮은 기초기술연구회
소속 연구기관은 조직차원에서 재무관점의 가중치를 상대적으로 낮게
둘 것이다. 따라서 다음과 같은 가설을 도출할 수 있다.

〈가설 3〉 재무관점의 가중치는 3개 연구회 중에서 산업기술연구회
가 가장 높다.

3) 전략방향관점

현행 출연연구기관은 1999년 이후 연구회에 소속되어 연구기관별
이사회가 폐지되고 연구회별로 연합이사회가 구성되어 있다. 연합이사
회에서는 소속 연구기관의 기관장 임면, 예산 편성, 기관평가 역할을
수행하고 있다. 연구회의 위치는 국무총리실 산하 기관으로 구성되어
과학기술의 정책방향과 기술동향에 따라 정부의 지시를 받고 있다. 이
러한 구조에서 개별 연구기관의 기관장과 구성원은 정부의 정책방향
과 소속 연구회의 전략방향에 직접적인 영향을 받는다.

내부프로세스관점 중 전략방향관점은 소속 연구기관의 미션을 달성
하기 위한 노력의 정도를 가중치에서 확인할 수 있다. 기초기술연구회
와 산업기술연구회는 기초·원천기술개발과 산업화·상업화기술개발
에 주력하는 연구기관으로 미션이 명확하여 상급기관에서 요구하는
미션의 변화가 상대적으로 크지 않다고 볼 수 있다. 기초·원천기술은
학문적 성격이 강한 기술개발로 정책방향과 환경변화에 크게 영향을
미치지 않는다고 볼 수 있으며, 산업화·상업화기술은 산업계 수요에
초점을 두는 기술개발로 그 범위가 명확하다고 볼 수 있다.

그러나 공공기술연구회는 대형과제·공공성과제를 주로 연구하여
상대적으로 미션의 범위가 명확하지 않아서 연구기관 차원의 전략방
향이 중요하다고 볼 수 있다. 예를 들어, 한국항공우주연구원의 미션
은 1990년 설립 이후 항공사업→위성사업→우주사업으로 계속적으
로 변화해 왔다. 이러한 전략방향은 상급기관에서 정해진 사안으로 연

구기관은 미션을 달성하기 위하여 전략방향의 설정이 중요하여 상대적으로 다른 관점보다 가중치가 크다고 볼 수 있다. 또한, 한국해양연구원의 미션은 주로 해양관련 연구이었으나 해양수산부로 소속이 변경된 후 연안·항만 및 운송관련 연구가 추가되었고 최근에는 남극·북극의 극지연구가 주요 연구분야에 추가되었다. 이러한 미션의 변화는 상급기관의 변화에 따라 요구된 전략방향으로 연구기관은 미션을 달성하기 위하여 연구과제의 수주 및 연구방향의 설정 시 전략방향이 매우 중요하다고 볼 수 있다.[19]

연구회별 소속 연구기관의 전략방향은 연구기관의 조직변화에 따른 미션에 직접적인 영향을 미치며 공공기술연구회 소속 연구기관이 상대적으로 기초기술연구회와 산업기술연구회 소속 연구기관보다 상급기관에서 요구하는 미션의 변화가 많이 요구되어 조직차원에서 전략방향관점의 가중치에 영향을 미친다. 따라서 전략방향관점의 가중치는 공공기술연구회가 기초기술연구회와 산업기술연구회보다 높을 것이며, 다음과 같은 가설을 도출할 수 있다.

〈가설 4〉 내부프로세스관점 중 전략방향관점의 가중치는 3개 연구회 중에서 공공기술연구회가 가장 높다.

---

19) 한국해양연구원은 1996년까지는 과학기술부 산하 연구기관이었으나 1996년 해양수산부 설립 이후 해양수산부로 소속이 바뀌었고 1999년 이후 현재까지는 공공기술연구회 산하 연구기관이다.

2. 연구회별 관점의 가중치 가설

연구회는 1999년 연구회 설립 시 OECD 권고기준인 연구개발단계와 기술발전단계를 기준으로 「정부출연연구기관등의설립·운영및육성에관한법률」에 따라 3개 연구회로 구분되었다. 동법 18조와 연구회 정관에 의하면, 각 연구회별로 설립목적과 주요기능이 다르다. 따라서 연구회별로 미션을 달성하기 위한 노력의 정도에 따라 관점 간의 가중치가 다를 것이라는 가설을 설정하였다.

1) 기초기술연구회

기초기술연구회의 설립목적은 기초·원천기술 분야의 정부출연연구기관을 지원·육성하고 체계적으로 관리함으로써 국가 연구개발사업의 정책 지원 및 지식산업 발전에 이바지하는 것으로 명시되어 있다. 또한, 과학기술활동조사(2003)에 의하면, 기초·원천기술 분야는 특정한 응용 또는 사용을 목표로 하지 않고 자연현상 및 관찰 가능한 사물의 기초가 되는 새로운 과학적 지식을 획득하기 위하여 주로 행하여지는 실험실적 또는 이론적 연구로 정의되어 있다.

연구회별 설립목적과 미션을 고려할 경우 기초기술연구회 소속 연구기관은 주로 단기성과(실용화, 기술이전)보다는 장기성과(특허, 논문)에 집중적인 연구를 하여 장기성과물을 얻기 위한 노력을 주로 할 것이다. 일부 연구기관은 장기성과를 바탕으로 추가연구를 통하여 경제적 목표를 달성하는 경우도 있으나, 기초기술연구회 소속 연구기관은 장기성과물을 얻기 위한 노력이 주가 될 것이며 부수적으로 단기성과물을 얻기도 한다. 또한, 출연연구기관은 연구원 개개인의 자율적인 연구를 위하여 소액의 연구비를 지급하는 제도가 있다.[20] 이 경우 자율적인 연구를 통하여 일부 연구원은 단기성과물을 얻을 수 있다. 그러나 기초기술연구회 소속 연구기관은 장기성과물이 단기성과물보다는 크다고 볼 수 있다.

기초기술연구회는 미션을 달성하기 위하여 고객관점 중 단기성과고객관점보다는 장기성과고객관점에 주력할 것이며, 기초기술연구회의 인과사슬 모형에서 장기성과고객관점이 상대적으로 단기성과고객관점보다 가중치가 높을 것이다. 따라서 다음과 같은 가설을 도출한다.

〈가설 5〉 BSC 모형에서 기초기술연구회는 고객관점 중 장기성과고객관점의 가중치가 단기성과고객관점의 가중치보다 높다.

출연연구기관은 영리기업과는 달리 수익을 목적으로 존재하는 것이 아니라 정부의 고유한 임무를 수행하기 위해 존재한다. 즉 출연연구기관의 기능은 국가 정책의 필요에 의하여 수행되어야 하는 임무를 토대로 정의되며 이것은 출연연구기관의 설립 시 법령에 규정되거나 정관에 명시되어 임무 수행의 권한을 위임받는다. 정부기관의 예산은 업무결과의 성과에 의해서 배정되기보다는 본질적으로 정부의 기능인 임무수행을 위하여 배정된다. 출연연구기관의 재무관점은 조직의 목표가 아니라 조직의 고유기능을 수행하기 위한 최소한의 수단이다. Niven(2002)의 공공기관의 BSC 모형 사례에서 재무관점은 재무안정성관점에 비중을 두어서 이익극대화를 추구하는 조직의 전체적인 목적과는 달리 제약요

---

20) 기본연구사업비: 박사급 연구원을 대상으로 개인적인 연구 역량 강화와 기본적 연구의욕을 고취하기 위해 연간 1인당 일정금액(10,000천 원 내외)을 지원하는 사업

소로 된 경우가 있다. Kaplan & Norton(2001)의 May Institute의 BSC 모형에서는 재무관점의 우선순위를 가장 낮게 제시하였다. 또한, 〈그림 4-1〉과 같이 연구기관의 관점 간 BSC 모형에서 재무관점의 우선순위를 가장 낮게 제시하였다. 따라서 다음과 같은 가설을 도출한다.

〈가설 6〉 BSC 모형에서 기초기술연구회는 재무관점의 가중치가 가장 낮다.

2) 산업기술연구회

산업기술연구회의 설립목적은 산업·개발기술 분야의 정부출연연구기관을 지원·육성하고 체계적으로 관리함으로써 국가 연구개발사업의 정책의 지원 및 지식산업 발전에 이바지하는 것으로 명시되어 있다. 또한, 과학기술활동조사(2003)에 의하면, 산업·개발기술 분야는 연구와 실험적 경험에 의해 지식을 활용하여 새로운 재료·제품과 장치의 생산, 새로운 공정·시스템 또는 서비스의 설치, 기타 이미 생산되었거나 설치된 것을 실질적으로 개선하기 위한 체계적 활동을 수행하는 연구로 정의되어 있다.

연구회별 설립목적과 미션을 고려할 경우 산업기술연구회 소속 연구기관은 주로 장기성과(특허, 논문)보다는 단기성과(실용화, 기술이전)에 집중적인 연구를 하여 단기성과물을 얻기 위한 노력을 주로 할 것이다. 일부 연구기관은 단기성과를 바탕으로 추가연구를 통하여 경제적 목표를 달성하는 경우도 있으나, 산업기술연구회 소속 연구기관은 단기성과물을 얻기 위한 노력이 주가 될 것이며, 부수적으로 장기성과물을 얻기도 한다. 또한, 출연연구기관은 연구원 개개인의 자율적인 연구를 위하여 소액의 연구비를 지급하는 제도가 있다. 이 경우 자율적인 연구를 통하여 일부 연구원은 장기성과물을 얻을 수 있다. 그러나 산업기술연구회 소속 연구기관은 단기성과물이 장기성과물보다는 크다고 볼 수 있다.

산업기술연구회는 미션을 달성하기 위하여 고객관점 중 장기성과고객관점보다는 단기성과고객관점에 주력할 것이며, 산업기술연구회의 인과사슬 모형에서 단기성과고객관점이 상대적으로 장기성과고객관점보다 가중치가 높을 것이다.

또한, 기초기술연구회에서 언급한 것처럼 Kaplan과 Norton의 May Institute의 BSC 모형과 〈그림 4-1〉과 같이 연구기관의 관점 간 BSC 모형에서 재무관점의 우선순위를 가장 낮게 제시하였다. 따라서 다음과 같은 가설을 도출한다.

〈가설 7〉 BSC 모형에서 산업기술연구회는 고객관점 중 단기성과고객관점의 가중치가 장기성과고객관점의 가중치보다 높다.

〈가설 8〉 BSC 모형에서 산업기술연구회는 재무관점의 가중치가 가장 낮다.

3) 공공기술연구회

공공기술연구회의 설립목적은 공공·응용기술 분야의 정부출연연구기관을 지원·육성하고 체계적으로 관리함으로써 국가 연구개발사업의 정책의 지원 및 지식산업 발전에 이바지하는 것으로 명시되어 있다. 또한, 과학기술활동조사(2003)에 의하면, 공공·응용기술 분야는 주로 특수한 실용적 목적과 목표하에 새로운 과학적 지식을 획득하기 위하여 행해지는 독창적인 연구를 수행하는 연구로 정의되어 있다. 따라서 연구회별로 미션이 다르기 때문에 관점의 가중치도 다를 것이다.

연구회별 설립목적과 미션을 고려할 경우 공공기술연구회 소속 연구기관은 장기성과(특허, 논문)와 단기성과(실용화, 기술이전)의 구분보다는 공공기술 분야의 연구성과물을 얻기 위한 노력을 할 것이다. 또한, 출연연구기관은 연구원 개개인의 자율적인 연구를 위하여 소액의 연구비를 지급하는 제도가 있다. 이 경우에도 공공기술 분야의 연구를 통하여 연구성과물을 얻을 것이다. 즉 공공기술연구회 소속 연구기관의 연구성과물은 장·단기성과물보다는 공공기술 분야의 연구성과물에 주력하기 때문에 장·단기성과물의 특별한 구분 없이 연구를 수행할 것이다.

공공기술연구회는 미션을 달성하기 위하여 장기성과고객관점과 단기성과고객관점의 구분 없이 공공·응용기술의 연구성과물을 얻기 위해 노려할 것이며, 인과사슬 모형에서도 장기성과고객관점과 단기성과고객관점 간의 가중치에 차이가 없을 것이다.

또한, 기초기술연구회에서 언급한 것처럼 Kaplan과 Norton의 May Institute의 BSC 모형과 〈그림 4-1〉과 같이 연구기관의 관점 간 BSC 모형에서 재무관점의 우선순위를 가장 낮게 제시하였다. 따라서 다음과 같은 가설을 도출한다.

〈가설 9〉 BSC 모형에서 공공기술연구회는 고객관점 중 단기성과고객관점의 가중치와 장기성과고객관점의 가중치 간에는 차이가 없다.

〈가설 10〉 BSC 모형에서 공공기술연구회는 재무관점의 가중치가 가장 낮다.

제 V 장

기관평가제도의 BSC 변환 분석

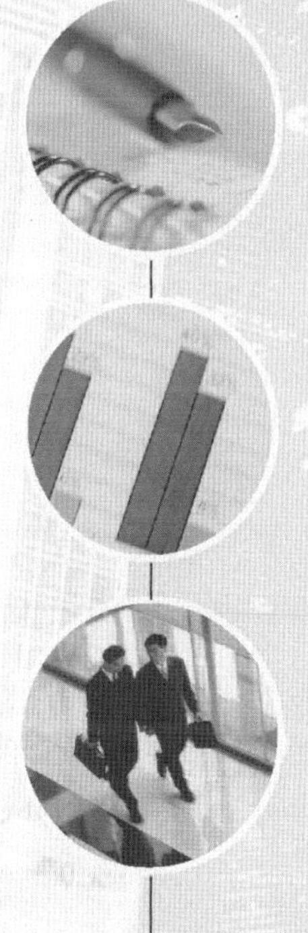

본 장에서는 기존평가지표를 대상으로 연구회 간 관점의 가중치 분석과 연구회별 관점의 가중치 분석을 실시하였다. 기존평가제도의 유효성 여부를 분석하는 방법은 기관평가지표를 전문가의 델파이법(Delphi Method)을 이용하여 관점별로 재분류한 후 개별 평가지표의 가중치로 가설을 검증하였다.

제1절 델파이법을 이용한 BSC 변환

1. 델파이법 적용

델파이법은 다수의 전문가의 의견을 수회에 걸쳐 피드백(feedback)시켜 그들의 의견을 수렴하여 집단적 사고를 체계적으로 접근시키는 방법이다. 델파이법은 과거의 체계적인 자료가 없을 경우에 사용되며 전문가의 견해는 거의 유일한 예측의 자료가 될 수 있다. 본 연구에서는 출연연구기관을 대상으로 한 BSC관점 제시와 현행 기관평가지표를 BSC로 재분류한 기존연구가 없기 때문에 델파이법을 이용한다.

델파이(Delphi)라는 말은 미국의 RAND 연구소의 철학자 Kaplan에 의해 고안되었는데 그는 정책결정에 있어 전문가의 예측력을 향상시키기 위한 연구활동을 주로 하였다. 1950년대에 미국 RAND연구소의 Helmer, Dalkey와 Douglas사의 Gordon 등이 국방성의 요청에 따라 미국에 대규모 원자탄 공격이 가해졌을 경우 예상되는 효과를 평가할 목적으로 개발하였다. 1964년 Gordon과 Helmer에 의해 장기예측에 관한 연구보고서가 출간되면서 델파이법은 전세계적인 관심을 불러일으켰다.(Woudenberg, 1991)

델파이법의 특징은 특정한 전문가 패널로부터 체계적으로 합의를 도출하는 기법으로, 집단 내에서의 상호작용(interaction)의 장점을 살리면서 이의 단점을 최소화한다.[21] 델파이법의 대표적인 특징으로 익명성(anonymity)과 총괄수행자(moderator)가 응답자에 대해 결과를 피드백하여 자신의 응답을 수정할 기회(controlled feedback)를 주며, 설문을 반복수행(iteration)한다는 점이다.(김형수, 1996)

델파이법에서 가장 중요한 점은 전문가 선정이고 전문가 선정에 있어서 가장 중요한 문제는 '누가 전문가인지'를 결정하는 것이다.(Judd, 1972) 본 연구에서는 기관평가 업무를 현재 담당하고 있는 3개 연구회 소속 기관평가팀장 또는 평가팀의 3년 이상 근무한 담당직원을 패널대상으로 하였다.[22]

---

21) 델파이법에서는 반복되는 횟수를 라운드(round)라고 하며, 델파이에 참여하는 전문가 그룹을 패널(panel)이라고 하며, 설문을 회수하고 종합하여 정리하는 등 델파이 전 과정을 주관하는 자를 총괄수행자(moderator)라 한다.

22) 3개 연구회의 평가팀은 팀장과 팀원 2인 내외로 구성되어 있다. 팀원은 대부분 신규직원 또는 평가업무의 경력이 3년 미만이라서 전문가 패널 구성을 경력 3년 이상의 3인으로 한정하였다. 3인의 전문가 패널의 평균 경력은 10년이다(연구회가 출범된 1999년 이후의 연구회에 근무한 평균

델파이법의 과정으로 1라운드에서는 첫째, 3개 연구회별로 각각 한 명의 전문가 패널을 대상으로 한자리에 모여서 총괄수행자(moderator)가 본 연구에 대한 설명을 한 후 전문가 패널을 대상으로 BSC와 제시된 6개 관점에 대한 설명과 토의가 있었다. 둘째, 3인의 전문가 패널은 브레인스토밍(Brainstorming) 과정을 거쳐 이미 제시된 6개 관점의 타당성과 추가될 수 있는 관점 도출을 위한 과정을 진행하였다. 2라운드에서는 1라운드에서 미합의된 측정지표를 대상으로 1라운드와 동일한 전문가 패널에게 e-mail로 설문조사하였다.

고전적인 델파이법은 4라운드로 구성되어 있으나 델파이 이용이 증가하면서 여러 가지 형태로 변형되어 실시되어 왔다. 예를 들어, 고전적인 델파이법의 1라운드에서는 아이디어를 수집하는 과정을 거치게 되는데, 이 과정을 거치지 않고 미리 확정된 예측대상 주제를 제공한다면 1라운드를 생략할 수 있다. 또한 전문가의 반대의견(counter argument)을 원하지 않는 경우 4라운드를 생략할 수 있어 2라운드만으로 충분히 델파이법의 취지를 살릴 수 있다는 점이 그간의 연구결과를 통해 확인되었다.(김형수, 1996)

본 연구에서는 이런 점을 감안하여 미리 델파이의 주제를 설정하고 이를 바탕으로 1라운드를 생략하였으며, 3인의 패널 전문가별로 소속 연구회의 특성을 반영한 분류가 이루어져서 다른 전문가의 반대의견이 필요하지 않기 때문에 역시 4라운드를 생략하였다. 따라서 본 연구에서는 최종 2라운드에 걸친 델파이를 실시하였다.

경력은 5년임)

2. BSC 변환 결과

1) 1라운드 델파이 결과

1라운드 델파이 결과로 첫째, 6개 관점의 타당성에 합의를 도출하였다. 둘째, 관점의 추가나 대체될 관점 토의에서 1명의 패널이 '기관장의 혁신마인드 및 경영혁신실적 관점'의 추가가 있었다. 셋째, 3개 연구회별·3년간 기관평가지표 261개를 대상으로 확정된 6개 관점으로 재분류하였다. 재분류 시 원칙은 소분류인 측정지표를 기준으로 확정된 6개 관점 중 가장 적합한 관점을 1개만 기재하였고 도출이 곤란할 경우 공란으로 처리하였다. 1라운드 델파이의 결과는 〈부록 1〉과 같으며, 자료를 연구회별로 정리한 결과는 〈표 5-1〉과 같다.

전체 261개 측정지표 중에서 3인 모두가 합의한 지표수는 180개로 69%를 차지하였으며, 2인이 합의한 지표는 69개로 27%이며, 모두 다른 응답을 한 지표수는 12개로 4%를 차지하였다. 산업기술연구회는 지표가 가장 많았으며, 3인이 합의된 비율도 79%로 가장 높았다. 산업기술연구회의 합의비율이 높은 것은 2001년도부터 지표를 개선하여 다른 연구회와는 달리 상대적으로 지표의 의미를 간결하고 명확하게 개선하였기 때문으로 볼 수 있다. 모두 다른 응답한 지표수는 공공기술연구회가 가장 많았다. 이것은 기초·원천 연구를 주로 연구하는 기초기술연구회와 산업화·상업화 연구를 주로 연구하는 산업기술연구회와는 달리 공공기술연구회는 대형과제 및 공공성을 강조한 연구에 주력하는 연구기관의 특성으로 평가지표의 장기성과고객관점과 단기성과고객관점의 구분 시 합의비율이 낮은 것으로 생각된다.

<표 5-1> 연구회별 1라운드 델파이 결과

(단위: 개, %)

구 분	기초연구회	산업연구회	공공연구회	소계
대상 지표수	84 (100)	90 (100)	87 (100)	261 (100)
3인이 합의된 지표수	55 (66)	71 (79)	54 (62)	180 (69)
2인이 합의된 지표수	27 (33)	19 (21)	23 (27)	69 (27)
모두 다른 응답한 지표수	2 (1)	0 (0)	10 (11)	12 (4)

2) 2라운드 델파이 결과

2라운드 델파이 결과 첫째, 1라운드에서 관점의 토의 시 1명의 패널이 제안한 '기관장의 혁신마인드 및 경영혁신실적 관점'을 전략방향 관점에 포함하는 것으로 3인의 패널 모두가 합의하였다. 둘째, 1라운드에서 미합의된 측정지표 81개(2인이 합의된 69개와 합의되지 못한 12개를 합친 지표수)를 대상으로 동일한 전문가 패널의 델파이 결과는 <부록 1>과 같으며, 자료를 정리한 결과는 <표 5-2>와 같다.

전체 81개 측정지표 중에서 3인의 전문가 패널이 모두 합의한 지표수는 42개로 52%이었고 2인이 합의한 지표수는 39개로 48%이었으며, 모두 다른 응답을 내린 지표는 없었다. 2인이 합의된 39개 지표를 대상으로 3차 델파이를 하더라도 3인 모두 합의된 지표를 찾기가 어렵고 각 전문가별로 소속 연구회의 특성을 반영한 분류가 이루어져서 2인이 합의한 지표를 최종 합의된 지표로 선정하였다. 공공기술연구회는 3인이 합의된 비율은 61%로 가장 높았으나, 기초기술연구회는 3인의 합의비율이 38%로 가장 낮았다. 2라운드에서 공공기술연구회가 높은 합의비율을 차지한 것은 1차 라운드에서 모두 다른 응답을 한 지표수가 10개가 2라운드의 대상이 되었다고 생각된다.

<표 5-2> 연구회별 2라운드 델파이 결과

(단위: 개, %)

구 분		기초연구회	산업연구회	공공연구회	소계
1라운드 결과	2인이 합의된 지표수	27	19	23	69
	모두 다른 응답한 지표수	2	0	10	12
2라운드 결과	대상 지표수	29 (100)	19 (100)	33 (100)	81 (100)
	3인이 합의된 지표수	11 (38)	11 (58)	20 (61)	42 (52)
	2인이 합의된 지표수	18 (62)	8 (42)	13 (39)	39 (48)
	모두 다른 응답한 지표수	0 (0)	0 (0)	0 (0)	0 (0)

연구회별로 2인이 합의한 지표는 <표 5-3>과 같다. 연구회별로는 기초기술연구회의 비율이 가장 높았다. 또한, 39개 지표 중 연구사업 분야에서 31개 지표로 기관운영분야의 8개보다 높았다. 공공기술연구 회의 경우 기관운영분야의 지표에서는 미합의된 지표가 없었다. 지표 별로는 연구사업성과의 우수성이 12개로 가장 높았으며, 그다음은 연 구사업 선정의 합리성으로 7개이었다. 연구사업성과의 우수성은 단기 성과고객관점과 장기성과고객관점 중에서 합의가 이루어지지 않았다. 이것은 전문가 패널이 소속 연구회의 특성을 잘 이해하지만, 상대적으 로 나머지 2개 연구회의 특성을 충분히 고려하지 못한 결과라 생각된

다. 연구사업선정의 합리성은 연구관리관점과 전략방향관점 중에서 합의가 이루어지지 않았다. 이것은 평가지표의 표현이 간결하여 평가지표의 의미가 명확하게 전달되지 않은 결과로 생각된다.

<표 5-3> 2라운드에서 2인이 합의한 지표

(단위: 개수)

구 분	연구사업분야	기관운영분야	계
기초기술 연구회	연구사업 선정의 적정성(1) 연구사업 선정의 합리성(1) 연구사업 성과의 우수성(6) 산학연 협동연구의 활성화(2) 연구성과 활용, 확산의 정도(4)	경영목표 설정 및 달성 정도(1) 국책기관으로서 기여도(1) 연구협력네트워킹 수준(2)	18
산업기술 연구회	연구사업 선정의 합리성(2) 연구사업 성과의 우수성(2)	경영합리화 추진정도(1) 예산관리시스템(3)	8
공공기술 연구회	연구사업 선정의 합리성(4) 연구사업 성과의 우수성(4) 산학연 협동연구의 활성화(2) 지식이전(2) 수요자만족도(1)	-	13
계	31	8	26

제2절 기관평가지표의 BSC변환 분석

기존평가제도의 유효성을 분석하기 위하여 설정한 가설을 검증하는 방법으로 3년간 연구회별 평가지표 261개 지표의 점수로 연구회 간 관점의 가중치 분석과 연구회별 관점의 가중치 분석을 실시하였다.

1. 연구회 간 관점의 가중치 가설분석
(가설 1, 2, 3, 4 검증)

평가지표의 구성은 제2장 제2절에서 언급한 것처럼 1차 분류로 연구사업분야와 기관운영분야로 구분되고 2차 분류는 「정부출연연구기관의설립·운영및육성에관한법률」에 따라 법정평가지표로 구분되며, 3차 분류는 세부 평가지표로 구분된다. 평가지표의 가중치는 3차 분류 기준인 세부 평가지표 단위에서 명시되어 있다. 평가지표는 제1절에서 델파이법으로 6개 관점으로 구분하였으며, 연도별 평가지표의 관점별 분류결과는 〈부록 1〉과 같다.

연구회 간 관점의 가중치 가설분석 결과는 〈표 5-4〉와 〈그림 5-1〉과 같다. 장기성과고객관점의 가중치는 기초기술연구회가 37.9%이며, 공공기술연구회기 24.9%이며, 산업기술연구회가 4%로 분석되어 '고객관점 중 장기성과고객관점의 가중치는 3개 연구회 중에서 기초기술연구회가 가장 높다'는 〈가설 1〉이 검증되있다. 〈그림 5-1〉과 같이 기초기술연구회와 산업기술연구회 간의 차이는 33% 이상 차이가 나며, 기초기술연구회와 공공기술연구회 간의 차이는 20% 이상의 차이가 나타났다. 기초기술연구회 소속 연구기관의 미션은 공공기술연구회와 산업기술연구회와 비교하여 상대적으로 조직의 미션을 달성하기 위한 기관차원의 노력이 장기성과물(논문, 연구보고서 등)에 가중치가 크다는 것을 알 수 있다. 기초기술연구회 소속 연구기관은 상급기관에서 예산을 지원받으면서 장기성과물에 대한 요구를 충족하기 위한 소속 연구기관의 노력의 정도가 가중치로 나타났다고 볼 수 있다.

<표 5-4> 연구회 간 관점의 가중치

(단위: 점, %)

구 분	재무 관점	장기성과 고객관점	단기성과 고객관점	전략방향 관점	연구관리 관점	인적자원 관점	계
기초 연구회	11.3 (3.8)	113.8 (37.9)	60.2 (20.1)	45.0 (15)	50.0 (16.7)	19.7 (6.6)	300 (100)
산업 연구회	31.0 (10.3)	12.0 (4)	81.0 (27)	60.0 (20)	70.0 (23.3)	46.0 (15.3)	300 (100)
공공 연구회	15.0 (5)	74.9 (24.9)	61.7 (20.6)	68.8 (22.9)	62.8 (20.9)	16.8 (5.6)	300 (100)

<그림 5-1> 연구회 간 관점의 가중치

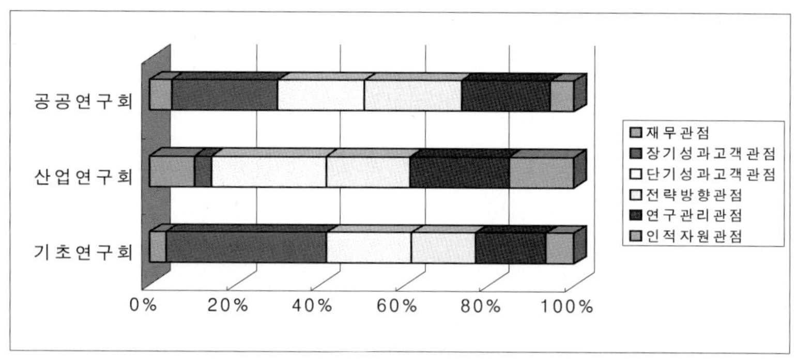

단기성과고객관점의 가중치는 산업기술연구회가 27%이며, 공공기술연구회가 20.6%이며, 기초기술연구회가 20.1%로 분석되어 '고객관점 중 단기성과고객관점의 가중치는 3개 연구회 중에서 산업기술연구회가 가장 높다'는 <가설 2>가 검증되었다. <그림 5-1>과 같이 산업기술연구회와 공공기술연구회, 산업기술연구회와 기초기술연구회 간의 차이는 6% 이상 차이가 나타났다. 산업기술연구회 소속 연구기관의 미션은 기초기술연구회와 공공기술연구회와 비교하여 상대적으로 조

직의 미션을 달성하기 위한 기관차원의 노력이 단기성과물(실용화, 기술이전 등)에 가중치가 크다는 것을 알 수 있다. 산업기술연구회 소속 연구기관들은 상급기관으로부터 예산을 지원받는 비율이 상대적으로 낮기 때문에 예산 확보차원에서 단기성과물에 대한 연구기관 차원의 노력의 정도가 가중치로 나타났다고 볼 수 있다.

재무관점의 가중치는 산업기술연구회가 10.3%, 공공기술연구회가 5%, 기초기술연구회가 3.8%로 나타나서 '재무관점의 가중치는 3개 연구회 중에서 산업기술연구회가 가장 높다'는 〈가설 3〉이 검증되었다. 〈그림 5-1〉과 같이 산업기술연구회와 공공기술연구회 간의 차이는 4% 이상 차이가 나며 공공기술연구회 간의 차이는 5% 이상 차이가 나타났다. 이것은 산업기술연구회 소속 연구기관의 전체 예산 중 정부 예산 비율이 낮으며, 외부 수탁사업의 예산이 차지하는 비율이 높은 기관의 특성이 반영된 사항이라 하겠다.

전략방향관점의 가중치는 공공기술연구회가 22.9%, 산업기술연구회가 20%, 기초기술연구회가 15%로 나타나서 '내부프로세스관점 중 전략방향관점의 가중치는 3개 연구회 중에서 공공기술연구회가 가장 높다'는 〈가설 4〉는 검증되었다. 〈그림 5-1〉과 같이 공공기술연구회와 산업기술연구회 간의 차이는 2.9% 차이가 나며 공공기술연구회와 기초기술연구회 간의 차이는 7.9%로 차이가 나타났다. 전략방향관점의 가중치가 공공기술연구회에서 높게 나타난 것은 기초기술연구회의 기초·원천기술과 산업기술연구회의 산업화·상업화기술처럼 전략방향이 명확하지 않고 대형과제·공공성과제를 주로 연구하는 기관이라 상대적으로 전략방향이 중요한 요인이 되었다고 생각된다. 예를 들어, 기초·원천연구에서도 대형·공공성이 강한 과제가 있으며 산업화·상업화 연구에서도 대형·공공성이 강한 과제가 있을 수 있다. 이 경우 공공기술연구회 소속 연구기관은 연구과제의 수행 여부와 연구결과물을 단기성과물에 주력할 것인지 아니면 장기성과물에 주력하여야 하는지 여부를 조직차원에서 미션을 설정하여야 하며 이 경우 전략방향이 중요하다고 본다. 이러한 전략방향의 결정은 연구조직 차원뿐만 아니라 상급기관인 이사회와 정부에서도 중요하다고 본다.

연구관리관점과 인적자원관점의 가중치는 산업기술연구회가 가장 높게 나타났다. 산업기술연구회 소속 연구기관은 산업화·상업화 연구를 주로 연구하여 단기에 연구성과물의 도출을 위하여 연구관리 프로세스의 비중이 상대적으로 중요하다고 본다. 또한, 외부 수탁사업을 경쟁하여 수주해야 하는 특성상 연구 인력의 채용 시 세분화된 연구분야가 필요하고 연구 인력의 자질도 중요하기 때문에 연구관리관점과 인적자원관점의 우선순위가 높게 나타났다고 본다.

2. 연구회별 관점의 가중치 가설분석

1) 기초기술연구회(가설 5, 6 검증)

평가지표는 제1절에서 델파이법으로 6개 관점으로 구분하였으며, 연도별 평가지표의 관점별 분류결과는 〈부록 1〉과 같다. 3년간 전체 관점별 지표수는 〈표 5-5〉와 같다. 연구관리관점이 24개로 29%를 차지하여 가장 많았으며, 다음으로 장기성과고객관점이 17개로 20%를 차지하였으나, 재무관점은 6개로 7%를 차지하여 가장 작았다.

〈표 5-5〉 기초기술연구회의 관점별 지표수

(단위: 개, %)

구 분	재무 관점	장기성과 고객관점	단기성과 고객관점	전략방향 관점	연구관리 관점	인적자원 관점	계
2000년도	2	6	6	8	12	3	37
2001년도	1	5	3	5	9	2	25
2002년도	3	6	4	3	3	3	22
합계	6 (7)	17 (20)	13 (15)	16 (19)	24 (29)	8 (10)	84 (100)

연구관리관점이 높은 비율을 차지한 것은 절차와 관리체계를 중시하는 공공부분의 특성으로 볼 수 있겠다. 재무관점이 가장 낮은 비율을 차지한 것은 주어진 예산한도 내에서 지출되고 다음 연도의 예산이 삭감되는 경우가 극히 드문 출연연구기관의 특성을 고려한 사항이 반영된 부분이다.

지표수를 연도별로 분석하면 2000년도에 37개, 2001년도에 25개, 2003년도에 22개로 2000년도에는 지표수가 가장 많았으나 2001년도에는 25개, 2002년도에는 22개로 점차 감소하고 있다. 이것은 기관평가 시 평가자나 피평가자 입장에서 평가수가 많은 것은 오히려 관련 자료 작성이나 평가 시 어려움이 많다는 지적에서 연도별로 지표수가 감소하는 것으로 해석된다. 또한, 〈표 3-1〉의 우수한 평가제도의 특성으로 Olve et al.(1998)와 송대희(1985)가 주장한 지표수의 단순화, 간결화, 중복 지표수 배제에 적합한 방향이라 하겠다.

평가지표에는 서로 다른 가중치(weight)가 있어 지표수와 관점 간의 우선순위와는 직접적인 관련성이 부족하다. 따라서 지표의 가중치를 고려한 관점 간의 가중치의 우선순위 분석이 필요하다. 가중치의 부여는 기관의 운영방침에 따라 달라지며, 가중치 부여내역에 따라 개별지표의 의미가 크게 변화되므로 성과평가에서 중요한 부분으로 인식된다. 평가지표에 대한 가중치는 평가항목별 중요도를 나타내는 것으로 기관평가에 중요한 변수가 된다.(김희경 외, 2001)

현행 기관평가지표는 세부지표별로 가중치(점수)가 있어 연도별 지표의 가중치를 고려한 관점별 우선순위 결과는 〈표 5-6〉, 〈그림 5-2〉와 같다. 그러나 〈표 5-5〉의 지표수 결과와 〈표 5-6〉의 가중치를 고려한 우선순위와는 다르게 나타났다. 즉 지표수가 많다고 해서 가중치가 높은 것은 아니다. 예를 들어, 연구관리관점은 지표수가 24개로 전체 29%로 차지하였으나 가중치를 고려한 우선순위에서는 16%로 우선순위가 3번째이다. 따라서 기관평가 시 고려할 항목은 지표수로 나타나지만, 지표별로 중요도는 가중치로 나타나기 때문에 관점별 우선순위는 지표수보다는 지표별 가중치가 더 중요하다고 볼 수 있다.

〈표 5-6〉 기초기술연구회의 관점별 우선순위

(단위: 점, %)

구 분	재무 관점	장기성과 고객관점	단기성과 고객관점	전략방향 관점	연구관리 관점	인적자원 관점	계
2000년도	3.3	25.8	24.2	20	20	6.7	100
2001년도	3	33	16	17	23	8	100
2002년도	5	55	20	8	7	5	100
합계	11.3 (3.8)	113.8 (37.9)	60.2 (20.1)	45.0 (15)	50.0 (16.7)	19.7 (6.6)	300 (100)
우선순위	6	1	2	4	3	5	

〈그림 5-2〉 기초기술연구회의 관점별 우선순위

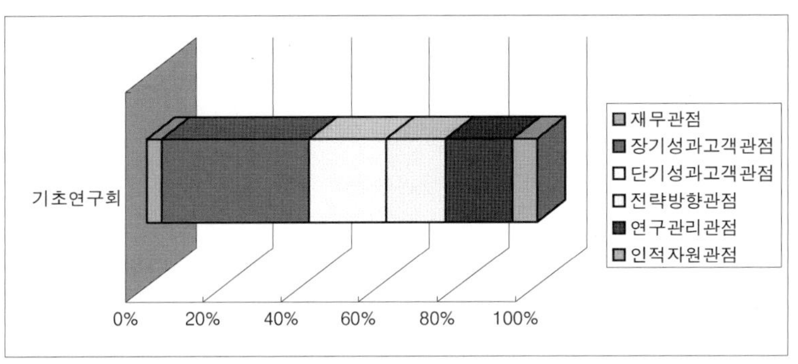

　기초기술연구회의 관점별 가중치의 우선순위는 ① 장기성과고객관점(37.9), ② 단기성과고객관점(20.1), ③ 연구관리관점(16.7), ④ 전략방향관점(15), ⑤ 인적자원관점(6.6), ⑥ 재무관점(3.8) 순으로 나타났다. 이러한 결과는 'BSC 모형에서 기초기술연구회는 고객관점 중 장기성과고객관점의 가중치가 단기성과고객관점의 가중치보다 높다'는 〈가설 5〉와 'BSC 모형에서 기초기술연구회는 재무관점의 가중치가 가장 낮다'는 〈가설 6〉이 검증되었다. 즉 3년간 평가지표 가중치에서 장기성과고객관점은 37.9%로 단기성과고객관점의 20.1%보다 높았으며, 재무관점은 3.8%로 가장 낮게 나타났다.

2) 산업기술연구회(가설 7, 8 검증)

　산업기술연구회의 평가지표의 구성은 기초기술연구회의 평가지표 구성과 비교하면 산업화·상업화를 주로 연구하는 연구기관의 특성을 반영하여 평가지표의 가중치에서 일부 차이가 있으며 평가지표의 내용에서 다소 차이가 있다. 조직의 미션과 비전이 다를 경우 평가지표와 평가지표의 가중치가 달라져야 한다. 평가지표의 가중치가 달라지면 관점의 우선순위도 달라진다. 연도별 평가지표의 관점별 분류결과는 〈부록 1〉과 같다. 기초기술연구회의 평가지표를 비교하면, 산업기술연구회는 상업화·산업화 관련 지표수가 상대적으로 많고 평가지표의 가중치도 크다. 특히, 단기성과고객관점과 장기성과고객관점에서 차이가 많다는 것을 알 수 있다.

3년간 전체 관점별 지표수는 〈표 5-7〉과 같다. 연구관리관점이 25개로 28%를 차지하여 가장 많았으며 다음으로 단기성과고객관점이 19개로 21%를 차지하였으나, 장기성과고객관점은 4개로 4%를 차지하여 가장 작았다. 장기성과고객관점과 단기성과고객관점의 지표수에서 기초기술연구회의 지표수와는 많은 차이가 있다.

〈표 5-7〉 산업기술연구회의 관점별 지표수

(단위: 개, %)

구 분	재무 관점	장기성과 고객관점	단기성과 고객관점	전략방향 관점	연구관리 관점	인적자원 관점	계
2000년도	4	3	11	10	13	3	44
2001년도	3	0	4	3	6	8	24
2002년도	2	1	4	3	6	6	22
합계	9 (10)	4 (4)	19 (21)	16 (18)	25 (28)	17 (19)	90 (100)

지표수를 연도별로 살펴보면 2000년도에 44개에서 2001년도는 24개, 2002년도에는 22개 크게 감소하였다. 기초기술연구회와 동일하게 2001년도 이후에는 많이 감소한 것은 피평가자와 평가자 입장에서 자료작성과 평가 시 어려움이 많다는 지적에서 감소한 것으로 해석된다.

관점별로 지표수를 살펴보면, 장기성과고객관점의 지표수는 거의 찾아볼 수 없다. 산업화·상업화 연구를 주로 연구하는 산업기술연구회의 특성이 반영되었다고 볼 수 있다. 반면, 단기성과고객관점과 인적자원관점의 지표수는 기초기술연구회와는 상대적으로 많다. 산업화·상업화 연구에서는 단기에 연구성과물의 도출과 외부 수탁사업을 경쟁하여 수주해야 하는 특성상 연구 인력의 채용 시 세분화된 연구 분야가 필요하고 연구 인력의 자질도 중요하기 때문에 인적자원관점의 지표수가 상대적으로 많은 것으로 해석된다.

연도별 지표의 가중치를 고려하여 관점별 우선순위 결과는 〈표 5-8〉, 〈그림 5-3〉과 같다. 기초기술연구회와 동일하게 〈표 5-7〉의 지표수 결과와 〈표 5-8〉의 가중치를 고려한 우선순위의 결과는 다르게 나타났다. 연구관리관점의 경우 지표수로는 가장 많았으나 가중치를 고려한 관점별 우선순위에서는 23%로 2위이다. 즉 지표수가 많다고 가중치가 높은 것은 아니라는 것을 알 수 있다.

〈표 5-8〉 산업기술연구회의 관점별 우선순위

(단위: 점, %)

구 분	재무 관점	장기성과 고객관점	단기성과 고객관점	전략방향 관점	연구관리 관점	인적자원 관점	계
2000년도	10	2	18	30	34	6	100
2001년도	10	0	30	20	20	20	100
2002년도	11	10	33	10	16	20	100
합계	31.0 (10.3)	12.0 (4)	81.0 (27)	60.0 (20)	70.0 (23.3)	46.0 (15.3)	300 (100)
우선순위	5	6	1	3	2	4	

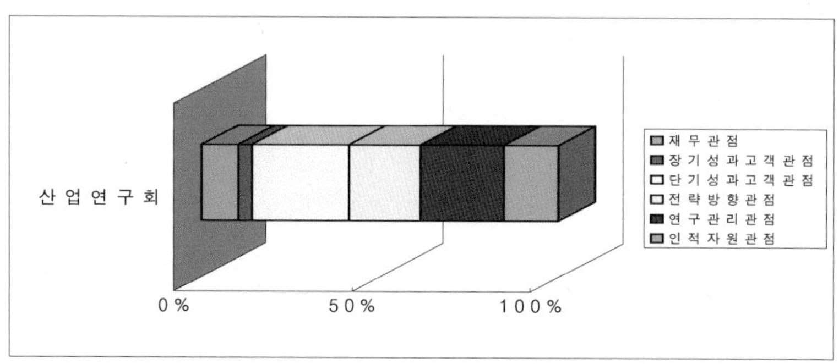

〈그림 5-3〉 산업기술연구회의 관점별 우선순위

　산업기술연구회의 관점별 가중치의 우선순위는 ① 단기성과고객관점(27), ② 연구관리관점(23.3), ③ 전략방향관점(20), ④ 인적자원관점(15.3), ⑤ 재무관점(10.3), ⑥ 장기성과고객관점(4) 순으로 나타났다. 이러한 결과는 'BSC 모형에서 산업기술연구회는 고객관점 중 단기성과고객관점의 가중치가 장기성과고객관점의 가중치보다 높다'는 〈가설 7〉은 3년간 평가지표 가중치에서 단기성과고객관점은 27%로 장기성과고객관점의 4%보다 높게 나타나서 검증되었으나, 'BSC 모형에서 산업기술연구회는 재무관점의 가중치가 가장 낮다'는 〈가설 8〉이 3년간 평가지표 가중치에서 장기성과고객관점이 4%로 재무관점의 10.3%보다 낮게 나타나서 검증되지 않았다.

　재무관점이 단기성과고객관점보다 높게 나타난 것은 다른 연구기관과 경쟁하여 수탁받는 민간수탁금액과 자체수입이 많은 산업기술연구회의 특성이 강하게 나타난 사항이라 하겠다. 즉 산업연구회의 전체 예산 중 민간수탁금액 비율과 자체수입 비율이 3개 연구회 중에서 가장 높은 것과 관련되었다고 볼 수 있다.[23] 산업기술연구회에 소속된

---

23) 정부출연기관 현황(2001)에 의하면, 산업기술연구회 소속 8개 연구기관의 최근 3년간 자체수입을 총예산과 비교하면 1999년도 9%, 2000년도 5%,

연구기관은 산업화·상업화 연구에 주력하지만, 부수적인 연구성과물과 소액의 연구비로 연구원의 자율적인 연구를 통하여 장기성과물을 얻을 수 있기 때문에 단기성과고객관점이 하위관점에 속한 것은 연구기관의 특성을 충분히 반영하지 못한 사항이라 본다. 향후 산업기술연구회의 기관평가지표 개선 시 장기성과고객관점의 지표수와 지표의 가중치의 조정이 있어야 하겠다.[24]

3) 공공기술연구회(가설 9, 10 검증)

공공기술연구회의 평가지표의 구성은 기초기술연구회와 산업기술연구회의 평가지표 구성과 비교하면 대형과제와 공공성을 강조하는 연구를 주로 연구하는 연구기관의 특성을 반영하여 평가지표의 가중치에서 일부 차이가 있으며 평가지표의 내용에서 다소 차이가 있다. 조직의 미션과 비전이 다를 경우 평가지표와 평가지표의 가중치가 달라져야 한다. 평가지표의 가중치가 달라지면 관점의 우선순위도 달라진다. 연도별 평가지표의 가중치와 평가지표의 관점별 분류결과는 〈부록 1〉과 같다.

3년간 전체 관점별 지표수는 〈표 5-9〉와 같다. 공공기술연구회의 평가지표수는 기초기술연구회의 평가지표수보다는 많고 산업기술연구회의 평가지표수보다는 적다. 관점별로는 연구관리관점이 23개로 26%를 차지하여 가장 많았고 다음으로는 전략방향관점이 21개로 24%를

2002년도 3%로 기초기술연구회와 비교 시 평균 20배 이상이며, 총액 규모는 102,569백만 원으로 기초기술연구회보다 7배 이상이다. 또한, 3개 연구회 간 총예산 대비 민간수탁액 비율은 산업기술연구회가 가장 높았다.

24) 〈표 5-6〉의 산업기술연구회의 관점별 지표수에서 3년간 장기성과고객관점의 지표수는 4개에 불과하며 2001년도에는 장기성과고객관점의 지표수가 단 한 개도 없었다.

차지하였으나, 재무관점은 5개로 6%를 차지하여 가장 작았다. 3개 연구회 모두 연구관리관점의 지표수가 가장 많은 것에서는 공통적인 사항이지만 공공기술연구회의 경우 그다음으로 많은 관점 수는 장기성과고객관점이나 단기성과고객관점이 아닌 전략방향관점이라는 것이다. 공공기술연구회는 대형과제와 공공과 관련된 연구와 대형과제를 주로 연구하는 연구기관으로 장·단기 연구성과물에 크게 간섭받지 않는 연구기관의 특성과 미션이 반영된 사항이라 할 수 있다.

<표 5-9> 공공기술연구회의 관점별 지표수

(단위: 개, %)

구 분	재무관점	장기성과관점	단기성과고객관점	전략방향고객관점	연구관리관점	인적자원관점	계
2000년도	2	6	6	10	11	5	40
2001년도	2	3	6	7	10	2	30
2002년도	1	4	4	4	2	2	17
합계	5 (6)	13 (15)	16 (19)	21 (24)	23 (26)	9 (10)	87 (100)

연도별 지표수는 기초기술연구회와 산업기술연구회는 동일하게 감소하고 있지만, 2002년부터 크게 감소하고 있다. 평가지표의 내용과 가중치에서도 2000년도와 2001년도에는 대체로 비슷하지만 2002년도부터 많이 바뀌어서 2002년도에 평가지표의 내용과 가중치에 대한 수정작업이 있었다는 것을 알 수 있다.

연도별 지표의 가중치를 고려하여 관점별 우선순위 결과는 <표 5-10>, <그림 5-4>와 같다.

〈표 5-10〉 공공기술연구회의 관점별 우선순위

(단위: 점, %)

구 분	재무 관점	장기성과 고객관점	단기성과 고객관점	전략방향 관점	연구관리 관점	인적자원 관점	계
2000년도	6	14	17	28	28	7	100
2001년도	4	15	28	20	29	4	100
2002년도	5	45.8	16.8	20.8	5.8	5.8	100
합계	15.0 (5)	74.9 (24.9)	61.7 (20.6)	68.8 (22.9)	62.8 (20.9)	16.8 (5.6)	300 (100)
우선순위	6	1	4	2	3	5	

〈그림 5-4〉 공공기술연구회의 관점별 우선순위

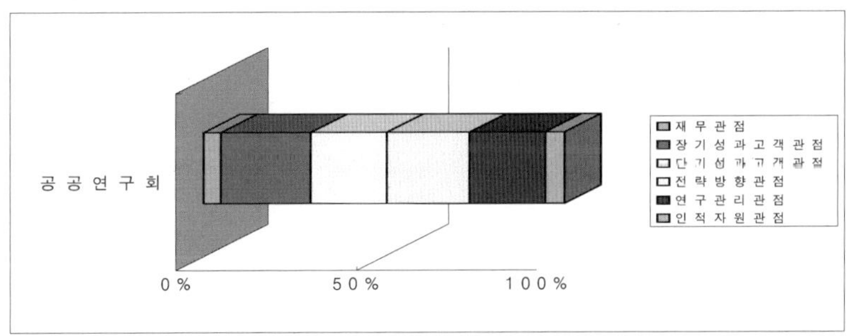

　　기초기술연구회와 산업기술연구회와 동일하게 지표수 결과와 가중치를 고려한 우선순위의 결과와는 다르게 나타났다. 지표수는 연구관리관점이 가장 많았으나 가중치를 고려한 관점별 우선순위에서는 20%로 3위이다. 즉 지표수가 많다고 가중치가 높은 것은 아니라는 것을 알 수 있다

　　공공기술연구회의 관점별 가중치의 우선순위는 ① 장기성과고객관점(24.9), ② 전략방향관점(22.9), ③ 연구관리관점(20.9), ④ 단기성과고객관점(20.6), ⑤ 인적자원관점(5.6), ⑥ 재무관점(5) 순으로 나타났

다. 이러한 결과는 'BSC 모형에서 공공기술연구회는 고객관점 중 장기성과고객관점의 가중치와 단기성과고객관점의 가중치 간에는 차이가 없다'는 〈가설 9〉는 검증되지 않았다. 공공성·대형 연구사업의 결과물은 단기성과물보다 장기성과물이 상대적으로 많다는 것을 알 수 있다. 〈표 5-10〉과 같이 관점별 우선순위는 장기성과고객관점(24.9%)과 단기성과고객관점(20.6%) 간의 차이가 있으나 관점 간의 차이가 4.3%에 불과하였다. 그러나 'BSC 모형에서 공공기술연구회는 재무관점의 가중치가 가장 낮다'는 〈가설 10〉은 검증되었다.

제 Ⅵ장

기관평가제도와 연구기관 특성과의 관계분석

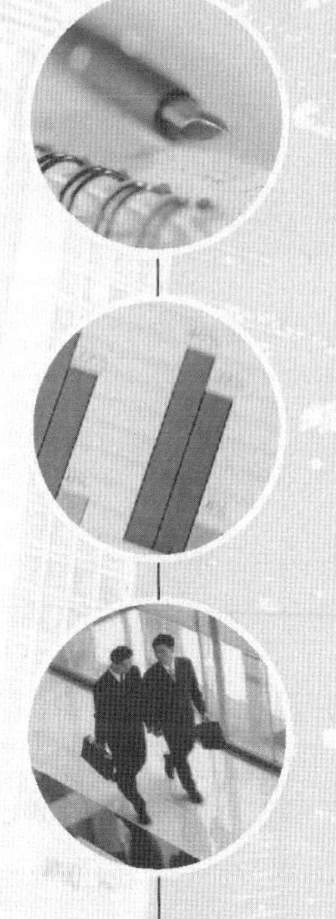

114

제4장에서는 연구기관의 특성을 고려한 BSC 관점을 도출하여 연구회 간 관점의 가중치 가설과 연구회별 관점의 가중치 가설을 설정하였다. 제5장에서는 기존 기관평가제도의 기관평가지표를 대상으로 델파이를 이용하여 BSC로 전환한 후 출연연구기관의 BSC 모형 가설을 검증하였다.

제6장에서는 기관평가제도가 연구기관의 의견이 반영된 제도인지 여부를 분석하기 위하여 연구기관의 종사자를 대상으로 설문조사하여 그 결과를 실증 분석하였다.[25]

---

25) 설문조사를 실시한 목적은 연구기관에서 적정하다고 생각하는 기관평가지표의 가중치로 현행 기관평가제도의 유효성을 검증하기 위함이다. 따라서 제5장에서 분석한 내용과 본 장에서 분석한 내용은 중복사항이 아니라 추가적인 가설의 검증이라 하겠다. 본 연구의 제4장, 제5장, 제6장이 내용을 도식화하면 아래와 같다.

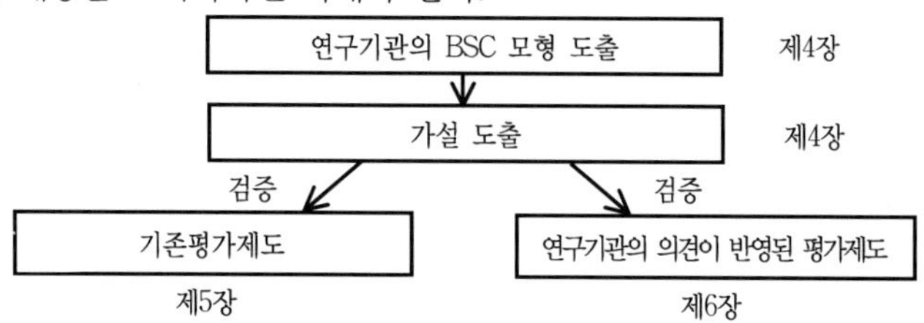

제1절 설문방법 및 기본통계

1. 조사 방법

연구기관의 의견이 반영된 제도인지 여부를 분석하기 위하여 연구기관의 종사자를 대상으로 설문조사를 실시하였다.[26] 설문조사의 대상자는 20개 출연연구기관의 기관평가 담당부서장 및 담당자와 기관평가 자료 작성 시 직·간접적으로 관련된 부서의 담당자로 선정하였다. 출연연구기관의 기관평가 담당부서로 15개 연구기관은 기획부서이며, 5개 연구기관은 경영정책부서이다.[27] (국회 정무위원회, 2004) 기관평가 자료 작성 시 연구기관의 특성상 연구성과, 연구계약, 연구관리 등의 사료가 50% 이상을 차지하는 점을 감안하여 자료를 실제로 작성하는 연구관리부서장과 연구관리 담당자를 설문조사 대상자로 선정하였다. 또한, 예산·회계부서나 인사부서의 담당자도 일부 포함하였다. 기관평가자료 작성 시 인력과 예산에 관련된 자료를 작성하는 부분이 있기 때문이다. 수년간 기관평가 자료를 작성한 담당자가 최근 인사이동으로 타 부서에서 근무하는 경우는 이들을 포함하였다.

설문지의 배포부수는 총 150부로 연구기관 인력 규모에 따라 최소

---

26) 일반적으로 설문조사는 리커트(Likert)형 5점 척도를 활용하여 설문자의 인지(認知)에 의존하지만 본 연구에서는 〈부록 2〉의 설문조사표와 같이 설문자가 기존평가지표의 가중치를 참고하여 연구기관에 적합하다고 생각되는 평가지표의 가중치를 기재하도록 하였다. 따라서 인지에 의존한 정성적인 설문조사보다는 계량적인 결과를 얻을 수 있다고 본다.

27) 5개 기관은 한국과학기술연구원, 한국생명공학연구원, 한국항공우주연구원, 한국전기연구원, 한국철도기술연구원이다.

116

5부에서 최대 10부로 차별화하였다. 배포부수를 최소 5부로 한정한 이유는 출연연구기관의 규모가 가장 작은 한국한의학연구원의 경우에도 기획부서부서장, 담당자, 연구관리부서장, 담당자가 별도로 있기 때문이다. 설문지의 회수부수는 130부로 회수율은 87%로 비교적 높게 나타났다. 회수율이 높은 이유는 비교적 설문지가 간단하였으며, 설문응답자가 현행 기관평가제도에 관심이 많았기 때문으로 생각된다. 연구회별 배포부수, 회수부수, 회수율은 〈표 6-1〉과 같다.

〈표 6-1〉 설문지 배포부수, 회수부수 및 회수율

소 속	대상기관수	배포부수	회수부수	회수율
기초기술연구회	4	30	27	90%
공공기술연구회	8	60	52	87%
산업기술연구회	8	60	51	85%
합 계	20	150	130	87%

설문지를 최종 확정하기 전에 〈표 2-1〉의 과학기술부 산하 연구기관 중 3개 기관의 기관평가 담당자를 대상으로 사전에 검토하도록 하여 예비검증(pilot test)을 거쳐 최종 확정하였다. 확정된 설문지는 〈부록 2〉와 같다. 설문지 발송은 E-mail을 사용하였으며, 회수는 E-mail 또는 우편으로 회수받았다. 설문지 발송과 회수 기간은 9월 15일부터 15일간 실시하였다. 가설의 검증방법은 출연연구기관을 대상으로 설문조사한 자료를 R 1.9.0 프로그램을 이용하여 분석하였다.[28]

---

28) R 1.9.0 프로그램은 S-PLUS의 공개버전에 해당하는 프로그램으로서 프로그램 언어에 가까운 형태를 지니고 있어 통계처리 시 효율적이고 분석시간을 줄일 수 있는 것으로 알려지고 있다.

2. 설문 내용

연구기관의 종사자를 대상으로 조사한 설문항목은 현재 기관평가제도에서 활용하고 있는 평가지표를 사용하였다. 설문항목은 연구회별로 일부 세부 평가지표의 내용과 배점에서 차이가 있기 때문에 설문조사는 각기 다른 세부 평가지표로 실시하였다.

설문항목은 6개 관점에 대한 간략한 설명 및 예시와 현행 기관평가지표의 배점을 기재하여 설문자가 배점할 때 참고할 수 있도록 구성하였다. 또한, 설문자가 기재하는 배점은 항목별로 배점에 제한을 두지 아니하였다. 따라서 설문자료에 대한 기본적인 통계에서는 설문자 배점의 총합계를 100점으로 재조정하였다.

구체적인 설문조사표는 관점별 적정성 조사, 기관평가제도의 전반적인 사항 조사, 현행 기관평가제도의 애로사항과 건의사항으로 구성하였다.[29]

3. 응답자 특성

설문응답자 소속부서의 분포는 〈표 6-2〉와 같이 나타났다.

---

[29] 연구회별 세부 평가지표의 내용과 배점은 〈부록 2〉 참조

<표 6-2> 설문응답자의 일반적인 특성

(단위: %)

소속 부서	연구관리부서	기획 · 예산부서	경영정책부서	기타부서	계
	51 (39)	41 (32)	20 (15)	18 (14)	130 (100)
직급	원급	선임급	책임급	수석급	계
	23 (18)	69 (53)	36 (28)	2 (1)	130 (100)
근속 연수	5년 이내	5~10년 미만	10~20년 미만	20년 이상	계
	31 (24)	25 (19)	66 (51)	8 (6)	130 (100)

　기관평가 자료를 50% 이상 작성하는 연구관리부서(39%)와 기관평가를 총괄하는 기획 · 예산부서(32%)와 경영정책부서(15%)가 많은 비중을 차지하였다. 설문응답자 직급의 분포는 선임급이 53%로 가장 많았으며, 근속연수의 분포는 10~20년 미만이 51%로 가장 많았다. 따라서 출연연구기관의 기관평가 담당자는 대부분 소속 연구기관에서 많은 경험이 있는 사람이 담당하고 있음을 알 수 있다.

　설문지법은 지각에 대한 행동과학의 연구방법으로 흔히 사용되고 있으나 질문내용의 전달과정상의 문제와 기억상의 문제, 지식상이 문제 등 응답자의 응답능력의 문제점이 있다. 본 연구의 조사대상은 <표 6-3>과 같이 기관평가에 경험과 지식이 풍부한 전문가집단에 한정시켰기 때문에 이러한 문제점으로 인한 오류는 크지 않다고 본다. 또한, 설문응답자의 근속연한은 10년 이상인 비율은 57%로 기관평가제도와 출연연구기관의 전반적인 사항에 경험이 있는 자를 대상으로 하였다.

추기   〈표 6-3〉 설문응답자의 기관평가자료 작성 경험 정도

(단위: %)

3년간 1번 작성	3년간 2번 작성	매년 작성	경험이 없음	계
38	20	72	0	130
(29)	(15)	(56)	(0)	(100)

제2절 가설 검증

1. 연구회 간 관점의 가중치 가설 검증
(가설 1, 2, 3, 4 검증)

연구회의 관점별 가중치에 대한 결과는 〈표 6-4〉와 같다. 〈표 6-4〉의 관점 간 가중치 차이를 분석할 때 평균의 동일성을 검증하기 위해서 분산분석(ANOVA)을 실시하였다. 분산분석 결과 유의수준 1% 범위 내에서 매우 유의하게 나타났다.[30] 연구회 간 관점의 가중치 가설에 대한 검증은 〈표 6-4〉의 평균으로 분석하였다.

---

30) 분산분석(ANOVA) 결과

	Df	Sum Sq	Mean Sq	F value	Pr(〉F)
section	5	64396	12879	143.81	〈 2.2e-16 **
Residuals	774	69319	90	−	−

Signif. codes: '**' 0.01

<표 6-4> 연구회의 관점별 가중치

구 분	기초기술연구회	산업기술연구회	공공기술연구회
재무관점	4.48	9.95	5.74
장기성과고객관점	53.78	11.30	40.94
단기성과고객관점	19.86	34.98	19.93
전략방향관점	8.68	10.36	21.50
연구관리관점	7.40	16.10	5.23
인적자원관점	5.80	17.31	6.67

고객관점 중 장기성과고객관점을 대상으로 3개 연구회 간 가중치가 통계적으로 유의한 차이를 보이는지 여부를 검증하기 위하여 pairwise T-test를 실시하였으며 P값의 결과는 <표 6-5>와 같이 3개 연구회 모두 유의수준 5% 범위 내에서 유의한 차이를 나타냈다.[31]

<표 6-5> 장기성과고객관점의 연구회 간 T-test의 P값[32]

구 분	공공기술연구회	기초기술연구회
기초기술연구회	0.000	NA
산업기술연구회	0.000	0.000

---

31) pairwise T-test(two dependent sample t-test; matched pair t-test)는 알지 못하는 각기 다른 두 모집단의 속성인 평균을 비교하기 위하여 두 모집단으로부터 표본들을 추출하여 표본의 평균들을 비교함으로써 모집단의 평균을 비교하는 통계적 방법이다. 각기 모집단으로부터 추출된 두 표본은 서로 독립적인 것이 아니라 어떤 관계가 있는 종속적인 것으로 이를 위하여 각 사례수에 따라 차이값이 계산된다. 손명호 외 (2003)의 "기업전략에 따른 균형성과표 성과지표 비교분석"과 이도순·이종식(2000)의 "BSC를 응용한 성과측정지표 가중치 산정과 활용"은 BSC 관점 간의 차이분석을 검증하기 위하여 pairwise T-test를 사용하였다.

32) 0.000은 $1.39 \times e^{-17}$ 이후의 T-test의 P값이 e^{-3} 이상인 숫자는 0.000으로 표시한다.

연구회 간 관점의 배점결과인 〈표 6-4〉에 따라 장기성과고객관점의 가중치는 ① 기초기술연구회(53.78), ② 공공기술연구회(40.94), ③ 산업기술연구회(11.3) 순으로 나타났다. 따라서 '고객관점 중 장기성과고객관점의 가중치는 3개 연구회 중에서 기초기술연구회가 가장 높다'는 〈가설 1〉은 검증되었다.

고객관점 중 단기성과고객관점을 대상으로 3개 연구회 간 가중치가 통계적으로 유의한 차이를 보이는지 여부를 검증하기 위하여 pairwise T-test를 실시하였으며 P값의 결과는 〈표 6-6〉과 같이 공공기술연구회와 기초기술연구회를 제외한 나머지는 유의수준 5% 범위 내에서 유의한 차이를 나타냈다.

〈표 6-6〉 단기성과고객관점의 연구회 간 T-test의 P값

구 분	공공기술연구회	기초기술연구회
기초기술연구회	0.959	NA
산업기술연구회	0.000	0.000

공공기술연구회와 기초기술연구회 간에는 통계적으로 가중치의 차이가 없다고 할 수 있다. 연구회 간 관점의 배점 결과인 〈표 6-4〉에 따라 단기성과고객관점의 가중치는 산업기술연구회, 공공기술연구회, 기초기술연구회 순으로 나타나지만, 공공기술연구회와 기초기술연구회 사이에는 유의한 차이를 보이지 않기 때문에 ① 산업기술연구회(34.98), ② 공공기술연구회(19.93), ③ 기초기술연구회(19.86) 순으로 나타났다. 따라서 '고객관점 중 단기성과고객관점의 가중치는 3개 연구회 중에서 산업기술연구회가 가장 높다'는 〈가설 2〉는 검증되었다.

재무관점을 대상으로 3개 연구회 간 가중치가 통계적으로 유의한

차이를 보이는지 여부를 검증하기 위하여 pairwise T-test를 실시하
였으며 P값의 결과는 〈표 6-7〉과 같이 3개 연구회 모두 유의수준
5% 범위 내에서 유의한 차이를 나타냈다.

연구회 간 관점의 배점 결과인 〈표 6-4〉에 따라 재무관점의 가중
치는 ① 산업기술연구회(9.95), ② 공공기술연구회(5.74), ③ 기초기술
연구회(4.48) 순으로 나타났다. 따라서 '재무관점의 가중치는 3개 연구
회 중에서 산업기술연구회가 가장 높다'는 〈가설 3〉은 검증되었다.

〈표 6-7〉 재무관점의 연구회 간 T-test의 P값

구 분	공공기술연구회	기초기술연구회
기초기술연구회	0.017	NA
산업기술연구회	0.000	0.000

내부프로세스관점 중 전략방향관점을 대상으로 3개 연구회 간 가중
치가 통계적으로 유의한 차이를 보이는지 여부를 검증하기 위하여
pairwise T-test를 실시하였으며 P값의 결과는 〈표 6-8〉과 같이 3개
연구회 모두 유의수준 5% 범위 내에서 유의한 차이를 나타냈다.

〈표 6-8〉 전략방향관점의 연구회 간 T-test의 P값

구 분	공공기술연구회	기초기술연구회
기초기술연구회	0.000	NA
산업기술연구회	0.000	0.035

연구회 간 관점의 배점 결과인 〈표 6-4〉에 따라 전략방향관점의
가중치는 ① 공공기술연구회(21.50), ② 산업기술연구회(10.36), ③ 기

초기술연구회(8.68) 순으로 나타났다. 따라서 '내부프로세스관점 중 전략방향관점의 가중치는 3개 연구회 중에서 공공기술연구회가 가장 높다'는 〈가설 4〉는 검증되었다.

연구관리관점과 인적자원관점의 가중치는 산업기술연구회가 가장 높게 나타났다. 산업기술연구회 소속 연구기관은 산업화·상업화 연구를 주로 연구하여 단기에 연구성과물을 도출하기 위하여 연구관리 업무프로세스의 비중이 상대적으로 중요하다고 본다. 또한, 외부 수탁사업을 경쟁하여 수주해야 하는 특성상 연구 인력 채용 시 세분화된 연구 분야가 필요하고 연구 인력의 자질도 중요하기 때문에 연구관리관점과 인적자원관점의 우선순위가 높게 나타났다고 생각된다.

2. 연구회별 관점의 가중치 가설 검증

1) 기초기술연구회(가설 5, 6 검증)

기초기술연구회의 관점 간 배점결과는 〈표 6-9〉와 같다.[33] 기초기술연구회의 관점 간 가중치 가설에 대한 검증은 〈표 6-9〉의 평균으로 분석하였다.

〈표 6-9〉 기초기술연구회의 관점 간 배점결과

구 분	재무 관점	장기성과 고객관점	단기성과 고객관점	전략방향 관점	연구관리 관점	인적자원 관점	계
평 균	4.48	53.78	19.86	8.68	7.40	5.80	100
표준편차	1.25	4.46	3.99	2.01	1.47	1.65	

---

33) 기초기술연구회 소속 4개 연구기관의 관점별 배점결과는 〈부록 3〉과 같다.

기초기술연구회의 6개 관점 간 가중치가 통계적으로 유의한 차이를 보이는지 여부를 검증하기 위하여 pairwise T-test를 실시하였으며 P 값의 결과는 〈표 6-10〉과 같이 나타났다. 재무관점과 인적자원관점, 전략방향관점과 연구관리관점을 제외하고는 모든 항목 사이에서 유의 수준 5% 범위 내에서 유의한 차이를 보였다. 즉 재무관점과 인적자원관점, 전략방향관점과 연구관리관점 간에는 통계적으로 우선순위에서 차이가 없다고 할 수 있다.

〈표 6-10〉 기초기술연구회의 관점 간 T-test의 P값[34]

구 분	장기성과 고객관점	단기성과 고객관점	재무 관점	전략방향 관점	인적자원 관점
단기성과고객관점	0.000	NA	NA	NA	NA
재무관점	0.000	0.000	NA	NA	NA
전략방향관점	0.000	0.000	0.000	NA	NA
인적자원관점	0.000	0.000	1.00	0.002	NA
연구관리관점	0.000	0.000	0.002	1.00	0.050

기초기술연구회의 경우 연구기관이 적정하다고 배점한 결과에 따른 관점 간 우선순위는 기초기술연구회의 관점 간 배점결과인 〈표 6-9〉의 평균의 크기에 따라 정해진다. 〈표 6-11〉의 기초기술연구회의 관점 간 pairwise T-test 결과 재무관점과 인적자원관점, 전략방향관점과 연구관리관점 간에서는 유의한 차이를 보이지 않았다. 즉 기초기술연구회의

---

34) 사후분석 시 다중비교(multiple comparison)의 경우 P-value값을 수정하여 의도적(Bonferroni 방법)으로 높여서 분석하나 P값은 1을 넘을 수 없으므로 최대값은 1로 한정하였다. 이후의 표에서도 동일하게 표시하였다. 통계적으로 다중비교 방법은 Tukey, Bonferroni, Fisher의 최소유의적 차이 검증, Duncan 등이 있으나 본 연구에서는 사후분석으로 pairwise 방법을 사용하여서 Bonferroni 방법으로 다중비교를 실시하였다.

관점 간 우선순위는 ① 장기성과고객관점(53.7), ② 단기성과고객관점(19.8), ③ 전략방향관점(8.6), ④ 연구관리관점(7.4), ⑤ 인적자원관점(5.8), ⑥ 재무관점(4.4)으로 나타났다. 따라서 'BSC 모형에서 기초기술연구회는 고객관점 중 장기성과고객관점의 가중치가 단기성과고객관점의 가중치보다 높다'는 〈가설 5〉는 검증되었다. 그러나 pairwise T-test 결과 재무관점은 인적자원관점과 통계적으로 유의한 차이를 보이지 않아서 'BSC 모형에서 기초기술연구회는 재무관점의 가중치가 가장 낮다'는 〈가설 6〉은 검증되지 않았다.

인적자원관점의 가중치가 낮은 것은 연구기관의 특성상 연구 인력의 채용 시 이미 관련 분야의 전문가로 채용되었으며, 채용 후에도 개인적인 연구노력에 따라 자기개발을 하고 있어서 연구기관 차원에서는 채용 후 인적자원관점의 노력이 다른 관점에 비하여 낮다고 볼 수 있다.

2) 산업기술연구회(가설 7, 8 검증)

산업기술연구회의 관점 간 배점결과는 〈표 6-11〉과 같다.[35] 산업기술연구회의 관점 간 가중치 가설에 대한 검증은 〈표 6-11〉의 평균으로 분석하였다.

〈표 6-11〉 산업기술연구회의 관점 간 배점결과

구 분	재무관점	장기성과고객관점	단기성과고객관점	전략방향관점	연구관리관점	인적자원관점	계
평 균	9.95	11.30	34.98	10.36	16.10	17.31	100
표준편차	2.52	4.22	5.34	3.11	3.29	4.17	

---

35) 산업기술연구회 소속 8개 연구기관의 관점별 배점결과는 〈부록 3〉과 같다.

산업기술연구회의 6개 관점 간 가중치가 통계적으로 유의한 차이를 보이는지 여부를 검증하기 위하여 pairwise T-test를 실시하였으며 P 값의 결과는 〈표 6-12〉와 같이 나타났다. 장기성과고객관점과 재무관점, 장기성과고객관점과 전략방향관점, 재무관점과 전략방향관점, 인적자원관점과 연구관리관점을 제외하고는 모든 항목 사이에서 유의수준 5% 범위 내에서 유의한 차이를 보였다. 즉 장기성과고객관점과 재무관점, 장기성과고객관점과 전략방향관점, 재무관점과 전략방향관점, 인적자원관점과 연구관리관점 간에는 통계적으로 우선순위에서 차이가 없다고 할 수 있다.

〈표 6-12〉 산업기술연구회의 관점 간 T-test의 P값

구 분	장기성과 고객관점	단기성과 고객관점	재무 관점	전략방향 관점	인적자원 관점
단기성과고객관점	0.000	NA	NA	NA	NA
재무관점	1.00	0.000	NA	NA	NA
전략방향관점	1.00	0.000	1.00	NA	NA
인적자원관점	0.000	0.000	0.000	0.000	NA
연구관리관점	0.000	0.000	0.000	0.000	1.00

산업기술연구회의 경우 연구기관이 적정하다고 배점한 결과에 따른 관점 간 우선순위는 산업기술연구회의 관점별 배점결과인 〈표 6-11〉의 평균에 크기에 따라 정해진다. 〈표 6-12〉의 산업기술연구회의 관점 간 pairwise T-test 결과 장기성과고객관점과 재무관점, 장기성과고객관점과 전략방향관점, 재무관점과 전략방향관점, 인적자원관점과 연구관리관점 사이에는 유의한 차이를 보이지 않았다. 즉 산업기술연구회의 관점 간 우선순위는 ① 단기성과고객관점(34.9), ② 인적자원관점(17.3),

③ 연구관리관점(16.1), ④ 장기성과고객관점(11.3), ④ 전략방향관점(10.3), ④ 재무관점(9.9) 순으로 나타났다. 따라서 'BSC 모형에서 산업기술연구회는 고객관점 중 단기성과고객관점의 가중치가 장기성과고객관점의 가중치보다 높다'는 〈가설 7〉은 검증되었다. 그러나 pairwise T-test 결과 재무관점은 장기성과고객관점과 전략방향관점과 통계적으로 유의한 차이를 보이지 않아서 'BSC 모형에서 산업기술연구회는 재무관점의 가중치가 가장 낮다'는 〈가설 8〉은 검증되지 않았다.

장기성과고객관점의 가중치가 낮은 것은 산업기술연구회 특성상 총예산 중 정부예산이 차지하는 비율이 낮기 때문에 민간수탁사업 예산의 비율이 상대적으로 크다. 민간수탁사업은 민간이 수요에 대응하여 전략을 수립해야 하며 연구기관의 사업방향도 장기성과고객관점보다는 단기성과고객관점에 상대적으로 가중치가 컸다고 본다. 전략방향관점의 가중치가 가장 낮은 이유는 설명이 어렵다. 본 연구의 검증결과는 연구기관의 종사자가 배점한 결과로 추가적인 분석이 필요하며 후속연구가 필요하다고 본다.

3) 공공기술연구회(가설 9, 10 검증)

공공기술연구회의 관점 간 배점결과는 〈표 6-13〉과 같다.[36] 공공기술연구회의 관점 간 가중치 가설에 대한 검증은 〈표 6-13〉의 평균으로 분석하였다.

---

[36] 공공기술연구회 소속 8개 연구기관의 관점별 배점결과는 〈부록 3〉과 같다.

<표 6-13> 공공기술연구회의 관점 간 배점결과

구 분	재무 관점	장기성과 고객관점	단기성과 고객관점	전략방향 관점	연구관리 관점	인적자원 관점	계
평 균	5.74	40.94	19.93	21.50	5.23	6.67	100
표준편차	2.27	6.79	6.05	3.93	1.65	2.47	

공공기술연구회의 6개 관점 간 우선순위가 통계적으로 유의한 차이를 보이는지 여부를 검증하기 위하여 pairwise T-test를 실시하였으며 P값의 결과는 <표 6-14>와 같이 나타났다. 단기성과고객관점과 전략방향관점, 재무관점과 인적자원관점, 재무관점과 연구관리관점, 인적자원관점과 연구관리관점을 제외하고는 모든 항목 사이에서 유의수준 5% 범위 내에서 유의한 차이를 보인다. 즉 단기성과고객관점과 전략방향관점, 재무관점과 인적자원관점, 재무관점과 연구관리관점, 인적자원관점과 연구관리관점 간에는 통계적으로 우선순위에서 차이가 없다고 할 수 있다.

<표 6-14> 공공기술연구회의 관점 간 T-test의 P값

구 분	장기성과 고객관점	단기성과 고객관점	재무 관점	전략방향 관점	인적자원 관점
단기성과고객관점	0.000	NA	NA	NA	NA
재무관점	0.000	0.000	NA	NA	NA
전략방향관점	0.000	0.978	0.000	NA	NA
인적자원관점	0.000	0.000	1.00	0.000	NA
연구관리관점	0.000	0.000	1.00	0.000	1.00

공공기술연구회의 경우 연구기관이 적정하다고 배점한 결과에 따른 관점 간 우선순위는 <표 6-13>의 평균에 따라 정해지나 전략방향관

점과 단기성과고객관점, 인적자원관점과 재무관점과 연구관리관점 사이에는 유의한 차이를 보이지 않았다. 즉 공공기술연구회의 관점 간 우선순위는 ① 장기성과고객관점(40.9), ② 전략방향관점(21.5), ③ 단기성과고객관점(19.3), ④ 인적자원관점(6.6), ⑤ 재무관점(5.7), ⑥ 연구관리관점(5.2) 순으로 나타났다. 따라서 'BSC 모형에서 공공기술연구회는 고객관점 중 단기성과고객관점의 가중치와 장기성과고객관점의 가중치에는 차이가 없다'는 〈가설 9〉는 검증되지 않았다. 또한, pairwise T-test 결과 재무관점과 인적자원관점, 재무관점과 연구관리관점, 인적자원관점과 연구관리관점은 통계적으로 유의한 차이를 보이지 않아서 'BSC 모형에서 공공기술연구회는 재무관점의 가중치가 가장 낮다'는 〈가설 10〉도 검증되지 않았다.

장기성과고객관점의 가중치가 단기성과고객관점의 가중치보다 큰 것은 설명이 쉽지 않다. 다만, 공공기술연구회의 장기성과고객관점은 장기적이고 미션지향적인 성격으로 전략적인 장기방향의 성격이 강하나 기초기술연구회의 장기성과고객관점은 인프라지향적인 성격으로 학문적인 장기방향의 성격이 강한 것으로 생각된다. 본 연구의 검증결과는 연구기관의 종사자가 배점한 결과로 추가적인 분석이 필요하며 후속연구가 필요하다고 본다. 또한 연구관리관점의 가중치가 낮은 것은 공공기관의 특성상 절차와 관리체계를 중시하는 연구관리관점의 배점이 감소한 것으로 바람직한 결과라고 생각된다.

3. 가설의 검증결과 분석

기관평가제도의 유효성은 평가지표가 적절하게 구성되었는지 여부와 연구기관의 의견이 반영되었는지 여부로 나누어서 검증하였다. 첫째, 연구기관의 특성을 고려하여 평가지표가 적절하게 구성되었는지 여부에 대한 검증방법은 기존평가제도의 평가지표와 연구기관 종사자가 배점한 평가지표를 대상으로 연구회 간·연구회별 관점의 가중치로 분석하였다. 연구회 간 관점의 가중치 4개 가설과 연구회별 관점의 가중치 6개 가설을 도출하였으며, 가설 검증 결과를 종합하면 〈표 6-15〉와 같다. 연구회 간 관점의 가중치 4개 가설은 기존평가제도와 연구기관 종사자가 배점한 평가제도에서 검증되었다. 연구회별 관점의 가중치 가설에서는 일부 가설에서 검증되지 않았다.

〈표 6-15〉 가설 검증의 결과

구 분	가 설	기존평가제도 (제5장)	연구기관 배점 (제6장)
연구회 간 가설	(가설 1) 고객관점 중 장기성과고객관점의 가중치는 3개 연구회 중에서 기초기술연구회가 가장 높다	검증	검증
	(가설 2) 고객관점 중 단기성과고객관점의 가중치는 3개 연구회 중에서 산업기술연구회가 가장 높다	검증	검증
	(가설 3) 재무관점의 가중치는 3개 연구회 중에서 산업기술연구회가 가장 높다	검증	검증
	(가설 4) 내부프로세스관점 중 전략방향관점의 가중치는 3개 연구회 중에서 공공기술연구회가 가장 높다	검증	검증

구 분	가 설	기존평가제도 (제5장)	연구기관 배점 (제6장)
연구회 별 가설	(가설 5) BSC 모형에서 기초기술연구회는 고객관점 중 장기성과고객관점의 가중치가 단기성과고객관점의 가중치보다 높다	검증	검증
	(가설 6) BSC 모형에서 기초기술연구회는 재무관점의 가중치가 가장 낮다	검증	검증되지 않음
	(가설 7) BSC 모형에서 산업기술연구회는 고객관점 중 단기성과고객관점의 가중치가 장기성과고객관점의 가중치보다 높다	검증	검증
	(가설 8) BSC 모형에서 산업기술연구회는 재무관점의 가중치가 가장 낮다	검증되지 않음	검증되지 않음
	(가설 9) BSC 모형에서 공공기술연구회는 고객관점 중 장기성과고객관점의 가중치와 단기성과고객관점의 가중치 간에는 차이가 없다	검증되지 않음	검증되지 않음
	(가설 10) BSC 모형에서 공공기술연구회는 재무관점의 가중치가 가상 낮나	검증	검증되지 않음

기존평가제도의 평가지표가 적절하게 구성되었는지 여부에 대한 검증결과에서 '산업기술연구회에서 재무관점의 가중치가 가장 낮다'는 〈가설 8〉이 검증되지 않았다. 〈가설 8〉이 검증되지 않은 이유는 출연연구기관의 재무관점은 영리기업의 잉여이익의 개념과는 달리 미션을 달성하기 위한 제약조건으로 볼 수 있으나 실제로는 출연연구기관의 통·폐합에 대한 불안감과 수탁사업을 더 많이 수행하여 추가로 확보한 예산으로 종업원을 더 많이 채용하려는 경향이 강하게 나타난 것으로 볼 수 있겠다. 또한, '공공기술연구회에서 장기성과고객관점과 단기성과고객관점 간의 가중치에서 차이가 없다'는 〈가설 9〉가 검증되지 않은 것은 본 연구에서는 정확히 분석할 수 없어서 향후 추가적인 연

구가 필요하다고 본다.

연구기관의 종사자가 배점한 평가제도의 평가지표가 적절하게 구성되었는지 여부에 대한 검증결과에서는 '연구회별 관점의 가중치 중 재무관점의 가중치가 가장 낮다'는 가설(가설 6, 8, 10)에서 검증되지 않았다. 이것은 설문 응답 시 연구기관 종사자가 연구회별 특성을 고려하기보다는 소속 연구기관의 특성을 고려하여 가중치를 조정하였을 가능성이 많다. 따라서 다음 절에서 연구기관별 특성분석으로 원인을 분석하였다. '공공기술연구회에서 장기성과고객관점과 단기성과고객관점 간의 가중치에서 차이가 없다'는 〈가설 9〉가 검증되지 않은 것은 기존평가제도에서 언급한 것처럼 본 연구에서 정확히 원인을 분석할 수 없어 향후 추가적인 연구가 필요하다고 본다. 이러한 검증결과를 종합하면, 연구회별 관점의 가중치 중 재무관점의 가중치가 가장 낮다는 가설과 공공기술연구회에서 장기성과고객관점과 단기성과고객관점 간의 가중치에서 차이가 없다는 가설을 제외하고는 모두 검증되었다. 따라서 현행 기관평가제도는 연구기관의 특성을 고려하여 평가지표가 적절하게 구성된 유효한 제도로 볼 수 있겠다.

둘째, 연구기관의 의견이 반영되었는지 여부에 대한 검증은 기존평가제도와 연구기관 종사자가 배점한 평가제도의 관점 간 가중치의 우선순위가 일치하는지 여부로 분석하였다. 제5장과 제6장에서 분석한 연구회별 관점 간 가중치 결과를 종합하면 〈표 6-16〉과 같다.

〈표 6-16〉 기존평가제도의 배점과 연구기관 종사자가 배점한 가중치

(단위: %)

구 분			재무 관점	장기성과 고객관점	단기성과 고객관점	전략방향 관점	연구관리 관점	인적자원 관점
기초 연구회	기존평가 제도 (제5장)	배점	3.8	37.9	20.1	15	16.7	6.6
		우선 순위	⑥	①	②	④	③	⑤
	연구기관 배점 (제6장)	배점	4.4	53.7	19.8	8.6	7.4	5.8
		우선 순위	⑤	①	②	③	③	⑤
산업 연구회	기존평가 제도 (제5장)	배점	10.3	4	27	20	23.3	15.3
		우선 순위	⑤	⑥	①	③	②	④
	연구기관 배점 (제6장)	배점	9.9	11.3	34.9	10.3	16.1	17.3
		우선 순위	④	④	①	④	②	②
공공 연구회	기존평가 제도 (제5장)	배점	5	24.9	20.6	22.9	20.9	5.6
		우선 순위	⑥	①	④	②	③	⑤
	연구기관 배점 (제6장)	배점	5.7	40.9	19.9	21.5	5.2	6.7
		우선 순위	④	①	②	②	④	④

　　기초기술연구회는 기존평가제도와 출연연구기관의 배점에서 장기성
과고객관점의 가중치는 증가하였으나 전략방향관점과 연구관리관점의
가중치는 감소하였다. 장기성과고객관점의 가중치가 증가한 것은 기초
기술연구회의 특성을 반영한 사항이라 할 수 있으며, 공공기관의 특성
상 절차와 관리체계를 중시하는 연구관리관점의 가중치가 감소한 것
은 바람직하다고 하겠다. 또한, 전략방향관점의 가중치가 감소한 것은
기초기술연구회는 공공기술연구회와 비교 시 상대적으로 기초·원천

사업의 연구분야가 분명하기 때문으로 생각된다.

산업기술연구회는 기존평가제도와 출연연구기관의 배점에서 단기성과고객관점과 장기성과고객관점의 가중치는 증가였으나 연구관리관점과 전략방향관점의 가중치는 감소하였다. 단기성과고객관점의 가중치가 증가한 것은 산업기술연구회의 특성을 반영한 사항이라 할 수 있다. 그리고 장기성과고객관점의 가중치가 증가한 것은 기존평가제도에서 장기성과고객관점의 지표수와 배점이 매우 작았기 때문이다.[37] 또한, 공공기관의 특성상 절차와 관리체계를 중시하는 연구관리관점의 가중치가 감소한 것은 바람직하다고 생각된다. 그리고 전략방향관점의 가중치가 감소한 것은 산업기술연구회는 공공기술연구회와 비교 시 상대적으로 산업화·상업화연구의 연구사업분야가 분명하기 때문으로 생각된다.

공공기술연구회는 기존평가제도와 출연연구기관의 배점에서 장기성과고객관점의 가중치는 증가였으나 연구관리관점의 가중치는 감소하였다. 장기성과고객관점의 가중치가 증가한 것은 공공기술연구회의 연구사업이 대형·공공성을 강조하고 있지만 단기성과물보다 장기성과물이 더 많다는 것을 알 수 있다. 공공기관의 특성상 절차와 관리체계를 중시하는 연구관리관점의 가중치가 감소한 것은 바람직하다고 생각된다.

기존평가제도의 배점과 연구기관 종사자가 배점한 결과에 대한 관점 간의 순위상관관계를 알아보기 위해서 Spearman 순위상관분석을 실시하였으며, 그 결과는 〈표 6-17〉과 같이 나타났다.

---

37) 산업기술연구회의 2001년도 장기성과고객관점의 지표수는 한 개도 없었으며, 3년간 전체 90개 중 4개에 불과했다.(표 5-7 참조)

〈표 6-17〉 Spearman 순위상관분석 결과

구 분	P값	rho값
기초연구회	0.016*	0.942
산업연구회	0.241	0.6
공공연구회	0.175	0.657

* P값 〈 0.05

기초기술연구회는 P값이 0.05보다 작아서 기존배점과 연구기관 배점의 서열 간의 차이가 없는 것으로 나타나서 연구기관 종사자의 의견이 충분히 반영되었다고 볼 수 있겠다. 그러나 산업기술연구회와 공공기술연구회는 P값이 0.05보다 커서 기존배점과 연구기관 배점의 서열 간의 차이가 있는 것으로 나타나서 연구기관 종사자의 의견이 충분히 반영되지 않았다고 볼 수 있겠다.

제3절 추가 분석

본 절에서는 연구기관 종사자가 배점한 관점 간의 가중치로 연구회별 BSC 모형을 제시하였다. 또한, '연구회별 관점의 가중치 중 재무관점의 가중치가 가장 낮다'는 가설이 검증되지 않은 이유를 분석하기 위하여 연구기관별 특성분석을 실시하였다.

1. BSC 모형의 비교분석

연구기관의 의견이 반영된 연구회별 관점 간 가중치의 배점결과에
따라 연구회별 BSC 모형은 〈그림 6-1〉과 같이 제시할 수 있겠다.

〈그림 6-1〉 연구회별 BSC 모형

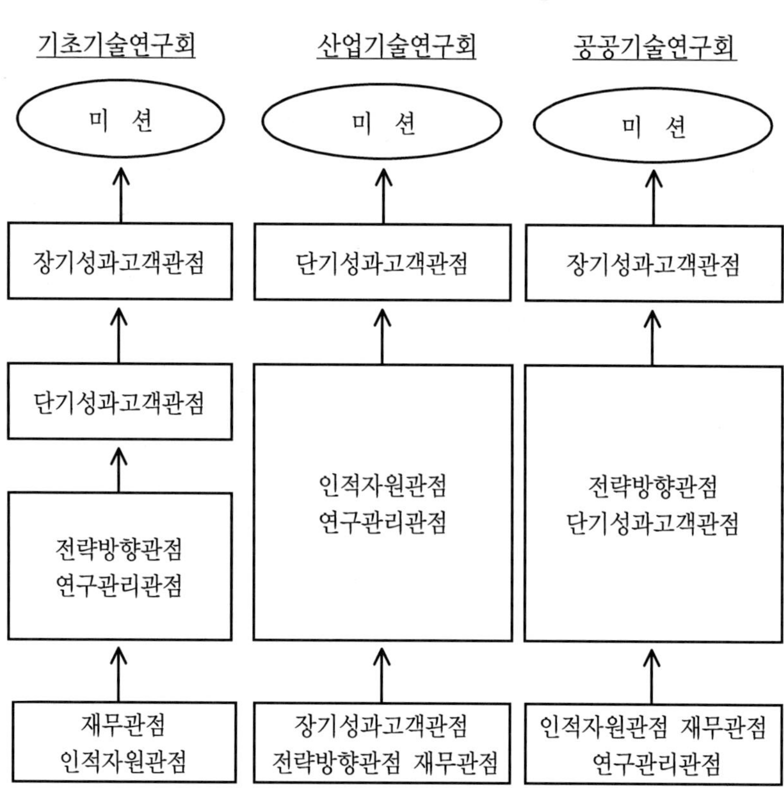

기초기술연구회의 BSC 모형에서 인적자원관점이 하위관점에 위치
한 것은 연구기관의 특성상 연구 인력의 채용 시 이미 관련 분야의
전문가로 채용되었으며, 채용 후에도 개인적인 연구노력에 따라 자기

개발을 하고 있어서 연구기관의 차원에서는 채용 후 조직차원에서 인적자원관점의 노력이 다른 관점에 비하여 낮다고 볼 수 있다.[38]

산업기술연구회의 BSC 모형에서 장기성과고객관점이 하위관점에 위치한 것은 산업기술연구회 특성상 총예산 중 정부예산이 차지하는 비율이 낮기 때문에 민간수탁사업 예산의 비율이 상대적으로 크다.[39] 민간수탁사업은 민간이 수요에 대응하여 전략을 수립해야 하며 연구기관의 사업방향도 장기성과고객관점보다는 단기성과고객관점에 상대적으로 가중치가 컸다고 본다. 전략방향관점의 가중치가 가장 낮은 이유는 설명이 어렵다. 본 연구의 검증결과는 연구기관의 종사자가 배점한 결과로 추가적인 분석이 필요하며 후속연구가 필요하다고 본다.

공공기술연구회의 BSC 모형에서 단기성과고객관점이 상위관점에 속하지 아니한 것은 설명이 쉽지 않다.[40] 다만, 공공기술연구회의 장기성과고객관점은 장기적이고 미션지향적인 성격으로 전략적인 장기방향의 성격이 강하나 기초기술연구회의 장기성과고객관점은 인프라지향적인 성격으로 학문적인 장기방향의 성격이 강한 것으로 생각된다. 연구관리관점이 하위관점에 위치한 것은 공공기관의 특성상 절차와 관리체계를 중시하는 내부프로세스관점의 배점이 감소한 것으로 바람직한 결과라고 생각된다. 인적자원관점이 하위관점에 위치한 것은

---

38) 기초기술연구회의 관점 간 가중치는 ① 장기성과고객관점(53.7), ② 단기성과고객관점(19.8), ③ 전략방향관점(8.6) ④ 연구관리관점(7.4), ⑤ 인적자원관점(5.8) ⑥ 재무관점(4.4) 순으로 나타났다.

39) 산업기술연구회의 관점 간 가중치는 ① 단기성과고객관점(34.9), ② 인적자원관점(17.3), ③ 연구관리관점(16.1), ④ 장기성과고객관점(11.3), ⑤ 전략방향관점(10.3), ⑥ 재무관점(9.9) 순으로 나타났다.

40) 공공기술연구회의 관점 간 가중치는 ① 장기성과고객관점(40.9), ② 전략방향관점(21.5), ③ 단기성과고객관점(19.3), ④ 인적자원관점(6.6), ⑤ 재무관점(5.7), ⑥ 연구관리관점(5.2) 순으로 나타났다.

연구기관의 특성상 연구 인력의 채용 시 이미 관련 분야의 전문가로 채용되었으며, 채용 후에도 개인적인 연구노력에 따라 자기개발을 하고 있어서 연구기관의 차원에서는 채용 후 인적자원관점의 노력이 다른 관점에 비하여 낮다고 볼 수 있다.

2. 개별 연구기관의 특성분석

'연구회별 관점의 가중치 중 재무관점의 가중치가 가장 낮다'는 가설이 검증되지 않은 이유를 분석하기 위하여 연구기관별 특성분석을 실시하였다. 연구회별 평균과 연구회에 소속된 개별 연구기관의 평균을 비교하여 평균에서 벗어난 연구기관을 도출한 후 평균에서 벗어난 개별 연구기관을 찾아냈다. 구체적인 방법은 연구기관 종사자가 배점한 설문결과를 대상으로 연구회별 평균과 소속된 개별 연구기관별 평균을 0(zero)으로 조정한 후 연구회의 가중치 평균값에서 소속 연구기관의 가중치 평균값을 뺀 결과 연구기관별로 신뢰구간이 0(zero)에 걸쳐 있지 않은 개별 연구기관의 특성을 분석하였다.[41]

재무관점에 대한 연구기관별 배점 분포는 〈그림 6-2〉와 같다. 소속 연구회의 평균값인 0(zero)에서 벗어난 개별 연구기관은 20개 연구기관 중 3개 기관인 한국기초과학지원연구원, 한국건설기술연구원, 한국생산기술연구원으로 나타났다.

---

41) 본 분석은 95% 신뢰수준에서 실시하였으며, 95% 신뢰구간에 포함되는 데이터에 한하여 실선으로 표시하였다.

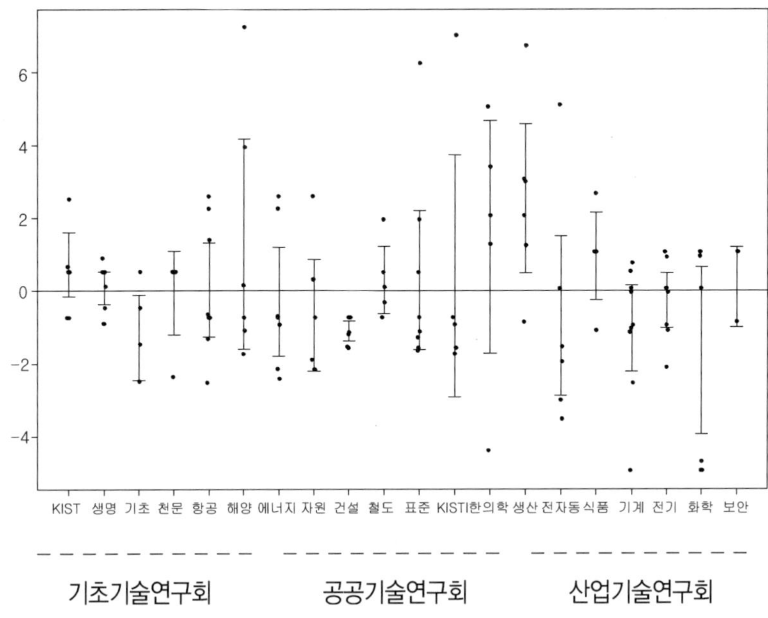

기초기술연구회 소속인 한국기초과학지원연구원은 연구회 평균보다 낮게 나타났다. 한국기초과학지원연구원은 20개 연구기관 중 특수한 연구기관으로 첨단 연구장비와 국가적 대형공동연구시설의 개발·설치·운영의 연구지원, 연구장비 정보 및 분석·실험정보 등의 수집제공, 첨단 연구장비의 이용자 교육 및 전문인력 양성 지원이 연구기관의 주요한 미션이다. 이러한 미션은 독점적이며, 자체수입도 안정적이다. 이러한 사실에 따라 재무관점이 상대적으로 가중치가 낮게 나타났다고 생각된다.

공공기술연구회 소속인 한국건설기술연구원은 연구회 평균보다 낮게 나타났다. 한국건설기술연구원의 총예산 중 민간수탁액 비율은 공공기술연구회의 평균보다 훨씬 많다. 즉 공공기술연구회의 2001년도 민간수탁액 비율은 10%이나 한국건설기술연구원은 16%이며, 공공기술연구회의 2002년도 민간수탁액 비율은 8%이나 한국건설기술연구원은 21%이다.(정부출연기관 현황, 2001) 이러한 사실에 따라 재무관점이 상대적으로 가중치가 낮게 나타났다고 생각된다.

산업기술연구회 소속인 한국생산기술연구원은 연구회 평균보다 높게 나타났다. 생산기술연구원의 주요 미션은 중소제조업체를 대상으로 실용화 위주의 생산기술을 개발·지원하고 개발된 기술을 산업현장에서 기술이전하는 것이다.(국회 정무위원회, 2004) 산업기술연구회 소속 다른 연구기관보다 산업화·상업화를 강조한 기관으로 재무관점이 상대적으로 가중치가 높게 나타났다고 생각된다.

출연연구기관의 기관평가제도의 유효성 검증은 연구기관 종사자의 의견이 반영되었는지 유무로 분석이 가능하다. 연구회별 관점의 가중치 평균에서 벗어난 개별 연구기관을 파악한 후 연구기관의 특성을 분석한 결과 일부 연구기관에서 연구기관의 특성이 충분히 반영되지 않은 것으로 나타났다. 향후 기관평가제도의 평가지표의 개선 시 일부 연구기관에 대한 평가지표의 수와 가중치의 개선이 있어야 하겠다.

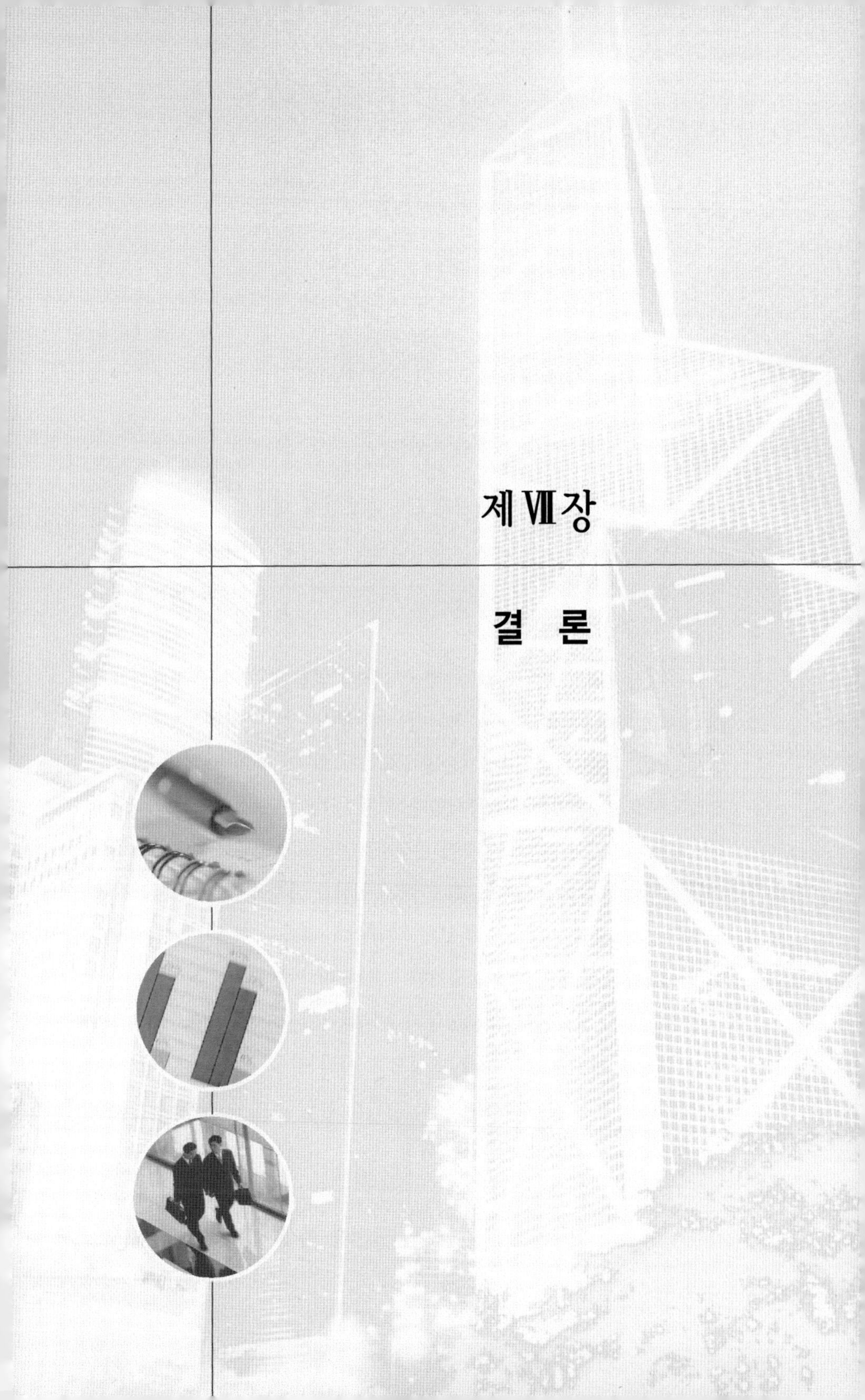

제 Ⅶ 장

결 론

본 연구의 목적은 기관평가제도가 유효한지 여부를 검증하는 것이다. 기관평가제도의 유효성은 간접적으로 기관평가지표가 기관성과를 평가하기에 적절하게 구성되었는지 여부와 연구기관의 의견이 반영되었는지 여부로 검증하였다.

기존평가제도의 평가지표와 연구기관의 의견이 반영된 평가지표가 BSC 모형에서 적절하게 구성되었는지 분석하기 위하여 연구기관의 BSC 관점 간의 가중치가 기존평가제도와 연구기관의 의견이 반영된 평가지표에 반영되었는지 검증하였다. 기초·원천 연구에 주력하는 기초기술연구회, 산업화·상업화 연구에 주력하는 산업기술연구회, 공공성·대형 연구에 주력하는 공공기술연구회 간에는 미션과 특성이 다르기 때문에 검증결과 관점 간의 가중치가 다르게 나타났다. 따라서 현행 기관평가제도는 연구기관의 특성과 미션을 고려한 유효한 평가제도로 볼 수 있겠다.

연구기관의 의견이 반영되었는지 여부는 기존평가제도와 연구기관의 의견이 반영된 평가제도를 대상으로 관점 간 가중치의 우선순위로 검증하였다. 관점 간 가중치의 우선순위가 동일할 경우 현행 평가제도는 연구기관의 의견이 반영되었다고 볼 수 있으나, 검증결과 관점 간 가중치가 다르게 나타났다. 또한, 추가적인 분석에서 연구회별 관점의 가중치와 소속 연구기관별 관점의 가중치를 분석한 결과 일부 연구기관에서는 연구회의 가중치와 달리 나타났다. 따라서 현행 기관평가제도는 일부 연구기관의 특성이 충분히 반영되지 않아서 유효한 평가제도로 볼 수 없다고 하겠다.

본 연구의 검증결과에 따른 시사점과 기여도를 요약하면 다음과 같이 구분하여 제시할 수 있다. 첫째, 3개 연구회별로 미션과 비전이 다르기 때문에 BSC를 구성하는 관점 간의 가중치가 다르다는 본 연구의 기본적인 가정이 통계적으로 유의한 결과를 얻음으로써 출연연구기관의 기관평가 시 BSC를 활용할 수 있는 토대를 마련하였다고 본다. 연구회별로 미션과 비전이 다른 연구회 소속 연구기관은 미션과 비전을 달성하기 위하여 전략수립과 실행 사이에서 의사결정 시 방향성을 제시할 수 있다. 즉 기초기술연구회에서는 연구회의 미션 설정과 소속 연구기관의 미션을 달성하기 위한 노력의 결과에서 최소한 단기성과물보다는 장기성과물에 주력하였고 산업기술연구회와 소속 연구기관은 장기성과물에 주력하였다는 결과를 통계적으로 검증하였다. 이러한 검증결과는 추후 출연연구기관의 기관평가지표에 대한 각 지표별 가중치(weight)와 지표 문항 개선 시 유용한 자료로 활용되리라 본다.

둘째, 공공기관인 출연연구기관의 성과평가를 위하여 BSC를 활용했다. 영리기업을 대상으로 BSC를 활용한 기존연구는 다수 있지만, 출연연구기관을 대상으로 BSC를 활용하여 관점을 제시한 후 기관평가제도의 유효성을 연구한 기존연구는 찾아볼 수 없었다. Kaplan의 기본모형인 4개 관점에서 추가하거나 대체하여 6개 관점을 제시하였다. 또한, 기존연구에서는 산업별 BSC 모형 도출과 각 관점 간의 인과관계를 설명하기 위하여 관점을 도출할 때 Kaplan과 Norton의 관점을 그대로 적용하거나 객관적인 기준이나 판단기준을 제공하지 않고 관점을 확정하였다. 본 연구에서는 선행연구와 문헌조사로 제시된 6개 후보 관점[재무관점, 고객관점(장기성과고객관점, 단기성과고객관점), 내부프로세스관점(연구관리관점, 전략방향관점), 인적자원관점]을 대상으로 관련 전문가에게 델파이법(Delphi Method)을 통하여 확정하여서 기존연구보다는 객관적이라고 본다.

셋째, 기존평가제도와 피평가자가 원하는 기관평가제도를 동시에 비교·분석하였다. 향후 현행 기관평가제도의 개정 시 연구기관의 특성을 고려한 관점의 가중치에 대한 의사결정의 틀을 마련하였다고 본다.

본 연구의 한계점은 다음과 같이 제시할 수 있다. 첫째, 출연연구기관을 3개 연구회로 분류하여 각각의 연구회별과 연구기관별로 관점 간의 인과관계를 검증하는 연구가 필요하다고 본다. 본 연구에서는 연구회별로 분류하여 개별 연구기관의 특성이 충분히 반영되지 않았다. 한 단계 더 나아가서 연구회별과 연구기관별 특성을 고려한 지표와 관점의 개발이 필요하다고 본다. 둘째, 설문문항 작성 시 기존 배점을 제시한 후 설문자의 배점을 기재하여서 관점 간의 배점의 변화가 크게 없었다. 향후 연구에서는 설문문항의 구성을 다양화할 필요가 있다고 본다. 셋째, 본 연구에서는 설문대상자를 연구기관의 연구관리를 담당하는 자로 한정하였으나 직접 연구를 수행하는 연구원의 설문이 추가될 필요가 있다고 본다.

향후 연구방향으로는 개별 연구기관의 특성을 반영하여 관점 간의 세부 평가지표의 가중치를 조정하거나 세부평가지표의 내용을 조정하여 연구기관의 의견을 반영하여야 할 것이다.

참고문헌

1. 국내문헌

과학기술부·한국과학기술기획평가원, 2003, "과학기술연구활동조사보고서"

권수영·백태영, 1997, "우리나라 기업의 성과평가현황분석: 경영목표 및 경쟁전략 간의 연계성", 회계학연구보고서, 제7호.

권오돈, 2002, "BSC의 비재무적 성과측정의 구조적 관계에 관한 연구", 안동대 박사학위 논문.

국회 정무위원회, 2004, "2004년도 3개 연구회 업무현황 편람"

공공기술연구회, 2001, "2000년도 기관평가 편람"

공공기술연구회, 2002, "2001년도 기관평가 편람"

공공기술연구회, 2003, "2002년도 기관평가 편람"

기초기술연구회, 2001, "2000년도 기관평가편람"

기초기술연구회, 2002, "2001년도 기관평가편람"

기초기술연구회, 2003, "2002년도 기관평가편람"

기획예산처, 2003, "2003년도 정부연구개발예산 현황"

기획예산처, 2003, "재정사업 성과관리제도 이렇게 추진됩니다"

기획예산처, 2001, "정부출연기관 현황"

김순기·정순여, 2002, "정부조직의 성과관리: 균형성과표와 성과주의 예산제도의 연계", 서강경영논총 Vol.13-2.

김원배, 2001, "BSC 모형의 비재무적 성과측정치와 재무적 성과측정치의 관계에 관한 실증적 연구", 단국대 박사학위 논문.

김일섭, 1991, "정부투자기관 경영평가제도의 유효성 연구", 서울대 박사학위 논문.

김형수, 1996, "과학기술예측조사의 방법론과 활용방안", 과학기술정책관리연구소.

김희경·성은숙, 2001, "BSC실천매뉴얼", 시그마인사이트.

민철구, 1994, "출연(연)기관평가 모델개발 연구", 과학기술정책관리연구소.

박경석, 2000, "지식자산의 측정·보고 및 활용 방안: 한국통신을 중심으로", 한국과학기술원 석사학위 논문.

박정아, 2001, "관광호텔의 경영성과평가를 위한 BSC평가지표 간의 인과관계", 계명대 박사학위 논문.

산업기술연구회, 2000, "1999년도 소관출연연구기관 기관평가종합보고서"

산업기술연구회, 2001, "2000년도 소관연구기관 평가편람"

산업기술연구회, 2002, "2001년도 소관연구기관 평가편람"

산업기술연구회, 2003, "2002년도 소관연구기관 평가편람"

삼일회계법인, 2003, "성과창출과 전략실행"

손명호·김재구·유태우, 2003. "기업전략에 따른 균형성과표 성과지표 비교분석", 경영정보학연구, Vol.13-1호.

송대희·고영채, 1985, "한국전력공사 경영평가지표분석 및 개선방향", 한국개발연구원.

신홍철, 1998, "성과지향경영을 이용한 지방자치단체의 경쟁력 제고-성과측정 및 책임보고의무를 중심으로", 회계저널, Vol.7-1호.

안연식, 2002, "소프트웨어 벤처기업의 성과요인에 관한 연구", 국민대 박사학위 논문.

이길우, 2004, "기관평가제도 운영의 영향요인에 관한 연구", 한국외대 박사학위 논문.

이도순·이종식, 2000, "BSC를 응용한 성과측정지표 가중치 산정과 활용", 충남대 회계논집.

이민형, 2001, "정부출연연구기관 기관성과평가지표체계 분석", 과학기술정책연구원.

이민형, 1999, "정부연구개발조직의 관리통제에 관한 연구", 이화여대 박사학위 논문.

이석재, 2001, "공공부문 정보화사업 평가를 위한 BSC 모형", 한국전산원.

이원희, 2004, "주요국의 정보통신 공공투자 현황 분석 및 성과평가 기법 조사 연구", 정보통신부.

이장재·김재영·김현민, 2003, "과학기술계 정부출연연구기관의 균형적 성과관리시스템 구축", 정부학연구 Vol.9-2호.

이정원, 2000, "R&D평가시스템의 이론적 체계구축 및 적용방안에 관한 연구", 과학기술정책연구원.

우카쿠 히데키, 1997, "기업생존력 분석·평가 매뉴얼", 21세기북스.

우라카와 타쿠야, 1998, "무한경쟁시대의 연구개발 생산성 제고전략", 한국산업기술진흥협회.

유성재·손태원·이정원, 2000, "연구회 및 출연연구기관의 새로운 경영모형", 인문사회연구회.

장지인, 2000, "균형 잡힌 성과기록표를 활용한 공기업의 경영평가", 중앙대 경영학논집, Vol.26.

장지인·신상철, 2000, "균형 잡힌 성과기록표(BSC)의 개념적 고찰", 중앙대 경영학논집, Vol.27.

정연도, 2001, "철강업의 경영성과와 성과동인 간 구조적 관계에 관한 연구", 회계저널 Vol.10.

정영일, 2002, "BSC를 이용한 ERP시스템 성과측정모델에 관한 연구", 전남대 박사학위 논문.

조성표, 2000, "지식자본시대 회계의 과제: 무형자산의 측정과 보고", 회계저널 Vol.9.

최석식, 2000, "공·사부문 연구개발 관리전략의 비교분석", 성균관대 박사학위 논문.

캐플런·노턴, 2001, "전사적 전략경영을 위한 SFO", 한·언 출판사.

캐플런·노턴, 1998, "가치실현을 위한 통합경영지표 BSC", 한·언 출판사.

캐플런·노턴, 2004, "BSC의 구축과 실행을 위한 전략체계도 Strategy Maps", 갈렙ABC 옮김, 21세기북스.

한국과학기술기획평가원, 2004, "2004년도 정부연구개발예산 현황"

한국산업기술진흥협회, 2003, "산업기술백서"

148

허종락, 2002, "BSC 성과지표 간 인과관계분석", 계명대 박사학위 논문.

현충기, 2003, "BSC 측정지표의 중요도 인식과 활용도의 차이가 평가공
　　정성 지각에 미치는 영향", 경성대 박사학위 논문.

홍미경, 2000, "BSC 도입기업에 대한 사례연구", <u>세무회계연구</u> Vol.7.

홍정화·유영경, 2004, "지식자산연구의 동향과 향후 과제", <u>세무와 회계
　　저널</u>, Vol.5.

후쿠이 타다오키, 2000, "실천 R&D 매니지먼트", 한국산업기술진흥협회.

2. 외국문헌

Arthur M. Schneiderman, 1999, "Why Balanced Scorecards Fail", *Journal
　　of Strategic Performance Measurement.*

Bill Nixon, 1998, "Research and development performance measurement:
　　a case study", *Management Accounting Research,* Vol.9.

Brown, M. G. and Svenson Raynold A., 1988, "Measuring R&D Produ-
　　ctivity" *Research Technology Management,* July−August, p.11−15.

Butler A., S. R. Letza & B. Neale, 1997, "Linking the Balanced
　　Scorecard to Strategy" *long Range Planning,* Vol.30.

Connolly, T., Conlon, E. J. & Deutsch, S. J., 1980, "Organizational
　　Effectiveness: A Multiple−Constituency Approach", *Academy
　　of Management Review,* Vol.5, p.211−217.

Cunningham, J. B., 1977, "Approaches to the Evaluation of Organi-
　　zational Effectiveness", *Academy of Management Review,* Vol.2.

Curtis C. Carey & Lynn W. Ellis, 1997, "Balanced Scorecards for New
　　Product Development", *Journal of Cost Management.*

Edwards, James B., 1986, "The Use of Performance Measures", *National
　　Association of Accountants.*

GAO, 1998, "Executive Guide: Measuring Performance and Demonstrating Results of Information Technology Investments", GAO / AIMD 98 – 89, p.35 – 45.

Gretchen B. Jordan, 2000, "Measuring the Performance of American Science and Technology Laboratories", *Reform of Government Scientific Laboratories*, NATO Advanced Research Workshop.

Hoque & James, 2000, "Linking Balanced Scorecard Measures to Size and Market Factors: Impact on Organizational Performance", *Journal of Management Accounting Research Vol.12*.

Hopwood & Anthony G., 1972, "An Empirical Study of Accounting Data in Performance Evaluation", *Journal of Accounting Research*.

Inge C. Kerssens – van Drongelen & Jan Bilderbeek, 1999, "R&D performance measurement: more than choosing a set of metrics", *R&D Management Vol.29, No.1*.

James E. Sorensen and Thomas J. Devane, 2002, "Achieving Performance Excellence with the Balanced Scorecard", *Daniels Business Review*.

Jones, Leroy P., 1985, "Note on Improving Korea's Public Enterprises Evaluation Effort", KDI, p.87 – 180.

Judd R. C. 1972, "Use of Delphi methods in Higher education", Technological Forecasting and Social Change, p.173 – 186.

Nancy Eickelmann, 2001, "A Comparative Analysis of the Balanced Scorecard as Applied in Government and Industry Organizations", *Information Technology Evaluation Methods and Management*.

N. Klein & Kaplan, 1999, "Chemical Bank: Implementing the Balanced Scorecard", *Harvard Business Review*.

OECD, 2003, "BSC Online Members Survey"

Olson, E.M and S. F. Slater, 2002, "The Balanced Scorecard, competitive strategy, and performance", *Business Horizons*, Vol.45 No.3, p.15.

Olve N. G, J. Roy & M. Wetter, 1998, "Performance Drivers", John Wiley & Sons Ltd., p.299 – 300.

Parker, C., 2000, "Performance Measurement", Work Study Vol.49, No.2, p.64.

Paul Arveson, 1999, "Translation Performance Metrics from the Private to the Public Sector", The Balanced Scorecard Institute.

Paul Arveson, 1999, "Designing Metrics for Government Agency Performance", The Balanced Scorecard Institute.

Paul R. Niven, 2002, "Balanced Scorecard: Maximizing Performance and Maintaining Results", John Wiley & Sons, Inc.

Paul R. Niven, 2003, "Balanced Scorecard: Step – by – step for government and nonprofit agencies", John Wiley & Sons, Inc.

R. G. Eccles, 1991, "The Performance Measurement Manifesto", *Harvard Business Review*, p.131 – 137.

Robert S. Kaplan & David P. Norton, 1992, "The Balanced Scorecard – Measures That Drive Performance", *Harvard Business Review*.

Robert S. Kaplan & David P. Norton, 1993, "Putting the Balanced Scorecard to Work", *Harvard Business Review*.

Robert S. Kaplan & David P. Norton, 1996, "Linking the Balanced Scorecard to Strategy", *California Management Review* Vol.39, No.1.

Robert S. Kaplan & David P. Norton, 1996, "Using the Balanced Scorecard as a Strategic Management System", *Harvard Business Review*.

Robert S. Kaplan & David P. Norton, 1996, "Translating Strategy into Action – The Balanced Scorecard", *Harvard Business School Press*, p.179.

Robert S. Kaplan & David P. Norton, 2001, "The Strategy – Focused Organization: How Balanced Scorecard Company Thrive In The

New Business Environment, *Harvard Business School Press*.

Robert S. Kaplan & David P. Norton, 2001, "Transforming the balanced scorecard from performance measurement to strategic management", *Accounting Horizons* Vol.15.

Robert S. Kaplan & David P. Norton, 2001, "Building a Strategy-Focused Organization", *IVEY BUSINESS JOURNAL*.

Robert S. Kaplan, 1999, "The Balanced Scorecard for Public-Sector Organization", *Balanced Scorecard Report*.

Ted M. Foster, 1996, "Making R&D More Effective at Westinghouse", *Research Technology Management*, Vol.39 Issue.1.

Win Van Grebergen, 2001, "Information Technology Evaluation Methods & Management", Idea Group Publishing.

Woudenberg F. 1991, "An evaluation of Delphi" Technological Forecasting and Social Change, p.131-150.

〈부록 1〉 델파이법을 이용한 BSC 변환 결과

2000년도 기초기술연구회 기관평가지표

구 분	법정평가지표	평가지표 (핵심성공요인)	측정지표 (핵심성과지표)	1차 델파이 결과				2차 델파이 결과				최종 BSC 관점별 분류
				A	B	C	종합	A	B	C	종합	
연구사업 분야 (78점)	I. 연구사업 선정의적정성(8)	1. 사업기획의 적정성(3)	1) 기본사업기획절차 및 내용의 적정성	6	6	6	6					6
		2. 선정시스템의 적정성(2)	2) 단위사업 및 과제선정시스템의 적정성	4	4	4	4					4
		3. 과제구성의 적정성(3)	3) 단위사업 및 과제 구성의 적정성	4	6	6	2차	4	6	6	6	6
	II. 연구사업 추진 및 관리체계의 효율성(7)	4. 사업수행 및 관리체계의 적정성(3)	4) 기본사업 수행 및 관리체계의 적정성	4	4	4	4					4
			5) 전년도 평가결과 지적사항 개선 정도	4	4	4	4					4
		5. 사업실적 평가시스템의 적절성(4)	6) 기본사업 실적 평가시스템의 적정성	4	4	4	4					4
			7) 기본사업 자체평가결과의 실효성	4	4	4	4					4
	III. 연구사업 성과의 우수성(41)	6. 기본사업 추진실적 및 성과(15)	8) 기본사업 목표달성도	2	3	3	2차	2	3	2	2	2
			9) 기본사업 추진성과	2	3	3	2차	2	3	2	2	2
		7. 학술활동의 우수성(8)	10) 논문게재실적	2	2	2	2					2
			11) 논문의 질적 수준 및 질 제고노력	2	2	2	2					2
		8. 지적재산권 실적의 우수성(8)	12) 특허산출실적	2	2	2	2					2
			13) 특허의 질적 수준 및 질 제고노력	2	2	2	2					2
		9. 연구사업성과(10)	14) 연구지원성과	3	3	2	2차	3	3	2	3	3
			15) 연구 인프라 구축, 운영	3	3	2	2차	3	3	2	3	3
	IV. 연구 분야별 전문화의 정도(5)	10. 기관전문화 및 특성화(15)	16) 기관전문화 및 특성화 정도	6	6	6	6					6
			17) 수탁연구의 전문성	6	6	6	6					6

구 분	법정평가지표	평가지표 (핵심성공요인)	측정지표 (핵심성과지표)	1차 델파이 결과				2차 델파이 결과				최종 BSC 관점별 분류
				A	B	C	종합	A	B	C	종합	
연구사업분야 (78점)	V. 산, 학, 연 협동연구의 활성화 정도(4)	11. 산, 학, 연 협동연구 및 대외협력(4)	18) 산, 학, 연 및 대외협력 실적	3	4	4	2차	3		3	3	3
		12. 연구성과관리의 체계성(3)	19) 연구성과 관리 및 홍보의 체계성	3	4	4	2차	4	4	4	4	4
	VI. 연구성과의 활용, 확산의 정도(13)	13. 연구성과의 활용 및 공공서비스 지원(10)	20) 연구성과의 활용도	3	2	3	2차	3	2	3	3	3
			21) 공공서비스 및 대국민 과학화 실적	3	2	3	2차	3	2	3	3	3
기관운영분야 (37점)	VII. 경영목표의 설정 및 달성의 정도(13)	14. 경영목표 달성도(5)	22) 경영목표의 달성도	6		6	2차	6		6	6	6
		15. 실천계획 수립의 적절성 및 달성도(4)	23) 당해연도 실천계획의 목표달성도	6		6	6					6
			24) 차년도 실천계획의 적절성	6		6	6					6
		16. 기관발전계획의 적절성(4)	25) 기관발전계획의 적절성	6	6	6	6					6
	VIII. 조직 및 인력 관리의 적정성(11)	17. 조직관리의 합리성(3)	26) 조직구조 및 운영의 합리성	5	4	4	2차	4	4	4	4	4
			27) 근무기강 확립노력	5	4	4	2차	4	4	4	4	4
		18. 인력관리 및 업적평가 시스템의 합리성(8)	28) 인력관리의 효율화	5	5	5	5					5
			29) 개인 업적평가 시스템의 합리성	5	5	5	5					5
			30) 연봉제, 계약제 실시의 적정성	5	5	5	5					5
	IX. 재정 및 예산 관리의 적정성(4)	19. 재무관리의 건전화 노력(4)	31) 재정 및 예산 운영의 적절성	1	1	1	1					1
			32) 퇴직금 제도 운영의 건전성	1	1	1	1					1
	X. 그 밖에 연구기관의 생산성 향상을 위한 경영합리화의 추진정도(9)	20. 경영합리화의 추진정도(3)	33) 지식기반 강화 및 경영 합리화	4	4	4	4					4
			34) 벤치마킹 활동의 적극성	4	4	4	4					4
		21. 평가결과 개선조치(4)	35) 전년도 평가결과 개선조치의 충실성 및 효과성	4	4	4	4					4
		22. 자체평가 수행의 적정성(2)	36) 자체평가결과의 충실성 및 실효성	4	4	4	4					4
기타	XI. 국책기관으로서의 기여도(5)	23. 기여도 및 고객만족도(5)	37) 기여도 및 고객만족도	3	3	2	2차	3	3	2	3	3

2001년도 기초기술연구회 기관평가지표

구 분	법정평가지표	평가지표 (핵심성공요인)	측정지표 (핵심성과지표)	1차 델파이 결과				2차 델파이 결과				최종 BSC 관점별 분류
				A	B	C	종합	A	B	C	종합	
연구사업분야 (65점)	I. 연구사업 선정의 합리성(8)	1. 사업기획의 적절성(3)	1) 사업기획 및 추진전략의 적정성	6	6	6	6					6
		2. 선정시스템의 합리성(2)	2) 사업 및 과제선정 시스템의 적정성	4	4	4	4					4
		3. 과제구성의 적정성(3)	3) 사업 및 과제 구성의 적정성	4	6	6	2차	4	6	6	6	6
	II. 연구사업 추진 및 관리체계의 효율성(8)	4. 사업추진 및 관리체계의 적절성(4)	4) 사업 수행 및 관리체계의 적정성	4	4	4	4					4
			5) 전년도 평가결과 지적사항 개선 충실성 및 성과	4	4	4	4					4
		5. 사업실적 평가시스템의 적절성(4)	5) 기본사업 실적 평가시스템 구축 및 운영의 적정성	4	4	4	4					4
			7) 기본사업 자체평가의 실효성	4	4	4	4					4
	III. 연구사업 성과의 우수성(33)	6. 기본사업 추진실적 및 성과(15)	8) 기본사업 목표달성도 및 연구결과의 우수성	2	3	3	2차	2	3	2	2	2
		7. 학술활동의 우수성(6)	9) 논문의 양적, 질적 수준 정도	2	2	2	2					2
		8. 지적재산권 실적의 우수성(6)	10) 특허의 양적, 질적 수준 정도	2	2	2	2					2
		9. 기타 연구사업성과(6)	11) 연구지원성과	3	3	2	2차	2	2	2	2	2
			12) 연구 인프라 구축, 운영	3	3	3	2차	2	2	2	2	2
	IV. 산, 학, 연 협동연구의 활성화 정도(6)	10. 산, 학, 연 협동연구 및 대외협력(6)	13) 산, 학, 연 협동 및 국제협력 실적	3	4	4	2차	3	2	3	3	3
	V. 연구성과 활용, 확산의 정도(10)	11. 연구성과의 활용 및 공공서비스 지원(10)	14) 연구성과 활용 정도	3	2	3	2차	3	2	3	3	3
			15) 공공서비스 및 대국민 과학화 실적	3	2	3	2차	3	2	3	3	3

156

구 분	법정평가지표	평가지표 (핵심성공요인)	측정지표 (핵심성과지표)	1차 델파이 결과				2차 델파이 결과				최종 BSC 관점별 분류
				A	B	C	종합	A	B	C	종합	
기관운영분야 (30점)	Ⅵ. 경영목표의 설정 및 달성의 정도(6)	12. 실천계획 수립의 적절성 및 달성도(6)	16) 당해연도 실천계획 대비 달성도	6		6	6					6
			17) 다음연도 실천계획 수립의 적절성	6		6	6					6
	Ⅶ. 조직 및 인력관리의 적정성(8)	13. 인력관리 및 업적평가 시스템의 합리성(8)	18) 인력관리 및 연봉제 운영의 효율화	5	5	5	5					5
			19) 업적평가시스템의 합리성	5	5	5	5					5
	Ⅷ. 재정 및 예산 관리의 적정성(3)	14. 재정구조의 건전화 노력(3)	20) 재정 및 예산운영의 건전성 및 투명성	1	1	1	1					1
	Ⅸ. 그 밖에 연구기관의 생산성 향상을 위한 경영합리화의 추진정도(13)	15. 경영합리화의 추진정도(5)	21) 지식정보기반 강화 및 경영합리화	4	4	4	4					4
			22) 벤치마킹 활동의 적극성	4	4	4	4					4
		16. 전년도 기관평가결과 개선실적(4)	23) 평가결과 지적사항 개선의 충실성 및 성과	4	4	4	4					4
		17. 자체평가수행의 적정성(4)	24) 자체분석의 충실성	4	4	4	4					4
기타	Ⅹ. 기능정립 이행 정도(5)	18. 기능적립방안 이행 노력(5)	25) 기능정립방안 이행 노력 및 추진실적	6	6	6	6					6

2002년도 기초기술연구회 기관평가지표

구 분	법정평가지표	평가지표 (핵심성공요인)	측정지표 (핵심성과지표)	1차 델파이 결과				2차 델파이 결과				최종 BSC 관점별 분류
				A	B	C	종합	A	B	C	종합	
연구사업분야 (75점)	I. 연구개발방향 및 전략(10)	1. 연구사업분야 선정 및 추진전략의 적정성(5)	1) 연구사업분야의 국가전략목표 및 기관발전 목표와의 부합성	6	6	6	6					6
			2) 연구사업분야의 타당성 검토 - 중점연구분야 및 비중점연구분야의 목표 및 전략성 - 타 연구주체와 유사성과 차별성 비교	6	6	6	6					6
		2. 연구 / 사업의 중점연구분야와 의 부합성(5)	3) 연구사업의 중점연구분야 부합성(3)* - 전체연구사업/과제의 중점분야 부합성 - 인력, 예산, 과제의 중점연구분야 집중도	6	6	4	2차	6	6	6	6	6
			4) 연구사업 추진계획 및 관리시스템의 적정성(2)* - 사업별 추진목표, 방향 및 전략 - 사업별 기획, 진도관리 및 평가시스템	4	6	4	2차	4	4	4	4	4
	II. 연구사업성과(50)	3. 연구사업의 성과의 우수성(35)	5) 과학기술적 성과 - 논문, 특허의 질적 우수성 - 고유간행물의 질적 우수성	2	2	2	2					2
			6) 기본사업(일반사업 포함) 추진성과 - 기본사업 목표달성도 - 중점연구분야 탁월성 제고성과	2	3	3	2차	2	3	2	2	2
		4. 대표적 성공 및 부진 사례(15)	7) 대표적 성공사례(10개 내외)의 우수성 - 사례별 과학기술적 가치 및 경제사회적 파급효과	2	–	2	2차	2	2	2	2	2
			8) 부진사례의 발전적 활용 노력	2	–	2	2차	2	2	2	2	2

구 분	법정평가지표	평가지표 (핵심성공요인)	측정지표 (핵심성과지표)	1차 델파이 결과				2차 델파이 결과				최종 BSC 관점별 분류
				A	B	C	종합	A	B	C	종합	
연구사업분야 (75점)	Ⅲ. 지식이전(15)	5. 지식이전 및 확산체계의 우수성(5)	9) 지식이전 및 성과확산 체계의 우수성 　- 연구성과관리(논문, 특허) 및 홍보체계 　- 타 연구에의 이용, 기술이전 및 사업화 촉진체계 　- 종료과제 활용도 제고를 위한 추적조사, 평가 　　체계	4	2	3	2차	4	4	4	4	4
			10) 지식정보 축적·공유체계의 우수성 　- 연구개발정보(특허, 논문, 인력 등)축적, 공유 　　시스템 　- 우수, 부진 연구사례 공개발표회 개최, 활용실적	4	2	3	2차	4	4	4	4	4
		6. 지식이전 및 성과확산 실적(10)	11) 연구결과 활용 실적 　- 개발된 과학기술의 타 연구로 이용실적 　- 산업화, 실용화 실적 및 유, 무상 기술이전 실적 　- 연구원창업지원 및 벤처보육 실적 　- 중소기업 지원실적	3	3	3	3					3
			12) 기관역할 제고활동 및 성과 　- 정부정책 Think-tank참여실적 　- 인력양성 및 고급인력 활용실적 　- 공공서비스 제공실적 　- 과학기술 국민이해 증진 활동실적	3	3	3	3					3
기관운영분야 (25점)	Ⅳ. 자원운용(25)	7. 인력운용의 적정성(5)	13) 우수인력 확보 노력 　- 중점연구분야 연구 인력 운용현황 및 충원대책 　- 업적평가와 성과보상시스템 운영실적 　- 사기진작, 연구환경개선, 지식재충전, 팀원강화 　　제도 운영실적	5	5	5	5					5

구 분	법정평가지표	평가지표 (핵심성공요인)	측정지표 (핵심성과지표)	1차 델파이 결과				2차 델파이 결과				최종 BSC 관점별 분류
				A	B	C	종합	A	B	C	종합	
기관운영분야 (25점)	Ⅳ. 자원운용(25)	7. 인력운용의 적정성(5)	14) 인력구조, 인력유동성, 인력관리(여성인력, 임시직 등)의 적정성	5	5	5	5					5
			15) 고유기능 및 중점분야 심화를 위한 조직혁신 실적	5	5	5	5					5
		8. 예산운용의 적정성(5)	16) 예산운용 전략, 안정성, 성장성 - 중점연구분야 심화를 위한 예산운용 전략 - 예산구조의 안정성 및 연구사업비 성장성	1	1	1	1					1
			17) 예산운용의 건전성	1	1	1	1					1
			18) 결산내용의 적정성	1	1	1	1					1
		9. 연구장비·시설운용의 적정성(5)	19) 국가적 연구장비·시설·인프라의 운영실적 - 국가R&D Hub역할 수행측면의 운영전략 - 개별 가동실적 및 성과, 국내외 최고수준 대비 성능비교	2	2	2	2					2
			20) 연구장비·시설 자립기반 제고 노력 - 신규도입, 구축, 장비개발 및 성능개선, 분석기법 개발 실적	2	2	2	2					2
		10. 연구·협력네트워킹 수준(10)	21) 산학연/국제/지역/남북 간 연구협력망 구축 현황 및 전략	3	3	4	2차	3	4	3	3	3
			22) 각종 연구·협력실적 및 성과	3	3	4	2차	3	4	3	3	3

2000년도 산업기술연구회 기관평가지표

구 분	법정평가항목	평가지표 (핵심성공요인)	측정지표 (핵심성과지표)	1차 델파이 결과				2차 델파이 결과				최종 BSC 관점별 분류
				A	B	C	종합	A	B	C	종합	
연구사업분야 (50점)	I. 연구사업 선정의 합리성(10)	1. 사업기획의 적절성(4)	1) 사업내용 및 연구비 배분이 기관의 고유기능과 부합되고 있는가?	6	6	6	6					6
			2) 연구기획프로세스가 건전하게 운영되고 있는가?	6	6	6	6					6
		2. 선정시스템의 합리성(3)	3) 과제선정기준이 합리적으로 설정되어 있는가?	4	4	4	4					4
			4) 과제선정이 경쟁적으로 이루어지고 있는가?	4	4	4	4					4
			5) 내부과제의 기획·선정과정이 고객지향적인가?	4	4	4	4					4
		3. 과제구성의 적정성(3)	6) 단위과제 구성이 타 연구기관과 중복되어 있거나, 지나치게 세분화되어 과제 간 연계성·전략성이 부족하지 않은가?	4	6	6	2차	4	6	6	6	6
			7) 추진목표 대비 사업내용은 적절한가?	4	6	6	2차	4	6	6	6	6
	II. 연구사업 추진 및 관리체계의 효율성(10)	4. 사업추진 및 관리체계의 적절성(5)	8) 연구수행과정은 합리적인가?	4	4	4	4					4
			9) 사업참여인력의 전문성은 어떠한가?	4	4	4	4					4
		5. 사업실적 평가시스템의 적절성(5)	10) 중간 및 최종평가를 위한 관리시스템이 잘 운영되고 있는가?	4	4	4	4					4
	III. 연구사업 성과의 우수성(7)	6. 기본사업 추진실적 및 성과(4)	11) 투입자원 대비 사업추진 실적은 적절한가?	3	3	3	3					3
			12) 당초 목표대비 성과 및 효율성은 어떠한가?	3	3	3	3					3
			13) 대표적 성과사례의 파급효과는?	3	3	3	3					3
			14) 기관의 주 기능에 부합하는 우수연구성과가 나오고 있는가?	3	3	3	3					3
			15) 산업경쟁력 제고성과는 어떠한가?	3	3	3	3					3

구 분	법정평가항목	평가지표 (핵심성공요인)	측정지표 (핵심성과지표)	1차 델파이 결과				2차 델파이 결과				최종 BSC 관점별 분류
				A	B	C	종합	A	B	C	종합	
연구사업분야 (50점)	Ⅲ. 연구사업 성과의 우수성(7)	7. 학술활동의 우수성(1)	16) 기관의 기능 및 임무에 부합되는 학회발표 및 논문발표 실적이 있는가?	2	2	2	2					2
		8. 지적재산권 실적의 우수성(1)	17) 기관의 기능 및 임무에 부합되는 지적재산권 확보 실적이 있는가?	2	2	2	2					2
			18) 특허출원, 등록에 필요한 비용 대비 특허기술이전 및 사업화를 통한 수입규모는?	2	2	2	2					2
		9. 기타 연구사업성과(1)	19) 기타 연구사업에 대한 대표적 성과 및 고객만족도는 우수한가?	3	2	3	2차	3		3	3	3
	Ⅳ. 연구분야별 전문화의 정도(8)	10. 기관전문화 및 특성화 정도(8)	20) 임무와 사업구조가 명확히 연계되어 있는가?	6	6	6	6					6
			21) 기관차원의 조직적 지원 및 투자를 통해 세계수준의 경쟁력 확보가 가능한 전략프로그램이 도출되고 있는가?	6	6	6	6					6
	Ⅴ. 산·학·연 협동 연구의 활성화 정도(5)	11. 산·학·연 협동연구 및 대외협력(5)	22) 협동연구 츠진실적이 적절한가?	3	3	3	3					3
			23) 연구보고서, 정기·비정기 간행물 배포현황은 적절한 수준인가?	3	3	3	3					3
			24) 기타 대외력력사업 추진실적은 어떠한가?	3	3	3	3					3
	Ⅵ. 연구성과 활용· 산의 정도(10)	12. 연구성과관리의 체계성(2)	25) 연구성과 관리시스템이 체계적이고 효율적인가?	3	4	4	2차	4	4	4	4	4
			26) 연구성과의 활용·확산을 위한 홍보활동이 적절하게 이루어지고 있는가?	3	4	4	2차	4	4	4	4	4
		13. 연구성과의 활용 및 공공서비스 지원(8)	27) 연구수행 후 연구결과 활용실적이 우수한가?	3	3	3	3					3
			28) 공공서비스 지원사업 추진실적 및 이를 통한 수입규모는?	3	3	3	3					3

구 분	법정평가항목	평가지표 (핵심성공요인)	측정지표 (핵심성과지표)	1차 델파이 결과				2차 델파이 결과				최종 BSC 관점별 분류
				A	B	C	종합	A	B	C	종합	
기관운영분야 (50점)	Ⅶ. 경영목표의 설정 및 달성의 정도(15)	14. 경영목표 달성도(1)	29) 경영목표가 당초 계획대로 달성되었는가?	6		6	6					6
			30) 기관발전 및 우수 연구결과 산출 등 괄목한 경영성과가 있었는가?	6		6	6					6
		15. 실천계획 수립의 적절성 및 달성도(13)	31) 2004년도 실천계획이 적절한가?	6		6	6					6
		16. 기관발전계획의 적절성(1)	32) 기관중장기 발전계획의 수립절차, 추진전략 및 내용이 적정한가?	6	6	6	6					6
	Ⅷ. 조직 및 인력 관리의 적정성(12)	17. 조직관리의 합리성(6)	33) 조직을 탄력적으로 운영하고 있는가?	5	4	4	2차	4	4	4	4	4
			34) 지식자산 관리수준은 어떠한가?	5	4	4	2차	4	4	4	4	4
		18. 인력관리 및 업적평가 시스템의 합리성(6)	35) 인력관리가 적정한가?	5	5	5	5					5
			36) 평가시스템 운영이 공정하고 합리적인가?	5	5	5	5					5
			37) 연봉의 차등 정도는 적정한가?	5	5	5	5					5
	Ⅸ. 재정 및 예산관리의 적정성(10)	19. 재정구조의 건전화 노력(10)	38) 연구간접비율이 적정한 수준인가?	1	1	1	1					1
			39) 자체수입비율이 적정한 수준인가?	1	1	1	1					1
			40) 기술료수입 중 인센티브 지급수준은 우수한가?	1	1	1	1					1
			41) 퇴직충당금 적립수준은 우수한가?	1	1	1	1					1
	X. 그 밖에 연구기관의 생산성 향상을 위한 경영합리화의 추진정도(13)	20. 경영합리화의 추진정도(5)	42) 합리적인 노사관계가 구축되어 있는가?	4	4	4	4					4
			43) 고정자산관리를 효율적으로 하고 있는가?	4	4	4	4					4
		21. 전년도 기관평가결과 개선실적(8)	44) 전년도 기관평가결과 개선실적은 어떠한가?	5	4	4	2차	4		4	4	4

2001년도 산업기술연구회 기관평가지표

구 분	법정평가항목	평가지표	측정지표 (핵심성과지표)	1차 델파이 결과				2차 델파이 결과				최종 BSC 관점별 분류
				A	B	C	종합	A	B	C	종합	
사업분야 [50점]	I. 사업 타당성	1. 사업구조의 적합성(20)	1) 기관고유임므와 실행사업구조의 연계성	6	6	6	6					6
			2) 사업목표의 선명성	6	6	6	6					6
			3) 사업구성의 균형성	6	6	6	6					6
		2. 사업성과의 우수성(30)	4) 대표적 성공사례와 실패사례	3	3	3	3					3
			5) 창출되는 부가가치 규모	3	3	3	3					3
			6) 차기 프로그램에 연계 및 기여도	3	3	3	3					3
			7) 전문성 심화 성과	3	3	3	3					3
인력분야 [20점]	II. 인력 적정성	3. 전문인력의 적정성(10)	8) 과제책임자 리더십 및 전문성	5	5	5	5					5
			9) 사업참여의 유연성	5	5	5	5					5
			10) 탁월성 집단 예시	5	5	5	5					5
			11) 연구역량 개발	5	5	5	5					5
		4. 인력구성의 건전성(10)	12) 인력수 증감 및 요인	5	5	4	2차	5	5	5	5	5
			13) 직급별 구조 및 노후화 정도	5	5	4	2차	5	5	5	5	5
			14) 사업구조와 연계한 전공분야별 균형	5	5	4	2차	5	5	5	5	5
			15) 인력구성비율의 적정성	5	5	4	2차	5	5	5	5	5
자산. 시스템분야 [30점]	III. 시스템 혁신성	5. 예산관리 시스템(10)	16) 종합예산관리의 핵심기능 활성화 수준	1	4	4	2차	1	4	1	1	1
			17) 관리회계시스템의 활성화 수준	1	4	4	2차	1	4	1	1	1
			18) 고정자산 활용의 총괄관리	1	4	4	2차	1	4	1	1	1
		6. 사업관리 시스템(10)	19) 전략적 마케팅 활동	4	4	4	4					4
			20) 기획 및 선정 프로세스의 건전성	4	4	4	4					4
			21) 연구수행 과정 및 성과평가의 합리성	4	4	4	4					4
		7. 보상 및 기반 시스템(10)	22) 보상 시스템 유효성	4	4	4	4					4
			23) 지식경영 시스템의 혁신성	4	4	4	4					4
			24) 노사화합 및 조직 내 갈등 해소 노력	4	4	4	4					4

2002년도 산업기술연구회 기관평가지표

구 분	법정평가항목	평가지표	측정지표 (핵심성과지표)	1차 델파이 결과				2차 델파이 결과				최종 BSC 관점별 분류
				A	B	C	종합	A	B	C	종합	
사업분야 [60점]	I. 사업분야	1. 사업구조의 적합성[10점]	1) 기관고유임무와 수행사업의 연계성	6	6	6	6					6
			2) 사업목표의 선명성	6	6	6	6					6
			3) 사업구성의 균형성	6	6	6	6					6
		2. 사업성과의 우수성[50점]	4) 대표적 성공사례와 실패사례(10)*	3	3	3	3					3
			5) 차기 프로그램 연계 및 기여도(6)*	3	3	3	3					3
			6) 기술료 수입규모(10)*	3	3	3	3					3
			7) 우수특허등록 및 논문발표 사례(10)*	3	2	2	2차	2	2	2	2	2
			8) 고객만족도(7)*	3	3	3	3					3
			9) 사업수행고 성장의 적정성(7)*	3	3	1	2차	2	1	1	1	1
자원 및 시스템 분야 [40점]	II. 인력분야[20점]	3. 전문인력 운용의 적정성[10점]	10) 과제책임자 리더십 및 전문성	5	5	5	5					5
			11) 우수연구집단의 탁월성 수준	5	5	5	5					5
			12) 연구역량 계발을 위한 노력	5	5	5	5					5
		4. 인력구성의 건전성[10점]	13) 직급별 구조 및 노후화 정도	5	5	5	5					5
			14) 인력증감요인 및 인력구성비율	5	5	5	5					5
			15) 조직 내 화합노력	5	5	5	5					5
	III. 자산, 시스템분야 [20점]	5. 예산관리시스템[7점]	16) 종합예산관리의 핵심기능 활성화 수준(4)*	1	4	4	2차	1	1	1	1	1
			17) 고정자산 활용의 총괄관리(3)*	1	4	4	2차	4	4	4	4	4
		6. 사업관리시스템[7점]	18) 사업 마케팅 및 기획·선정의 건전성	4	4	4	4					4
			19) 연구수행 과정 및 성과평가의 합리성	4	4	4	4					4
			20) 연구결과의 홍보·확산 노력	4	4	4	4					4
		7. 보상 및 기반시스템[6점]	21) 보상 시스템의 유효성	4	4	4	4					4
			22) 국내·외 네트워킹 수준	4	4	4	4					4

2000년도 공공기술연구회 기관평가지표

구 분	법정평가항목	평가지표	측정지표 (핵심성과지표)	1차 델파이 결과				2차 델파이 결과				최종 BSC 관점별 분류
				A	B	C	종합	A	B	C	종합	
연구, 사업분야 (370점)	I. 기본사업 선정의 합리성(50)	1. 사업기획의 적절성(25)	1) 연구개발로서의 적합성 및 타 국가연구개발사업 또는 수탁사업과의 차별성(10)	6	6	6	6					6
			2) 사업별 연구개발목표 및 내용의 구체성, 적정성(10)	4	6	6	2차	6	6	6	6	6
			3) 국내외 연구개발 동향파악 및 분석결과(기술적·경제적 외부환경변화 및 수요 등)의 반영 여부(5)	4	6	6	2차	6	6	6	6	6
		2. 선정시스템의 합리성(10)	4) 기획·선정절차 및 기준의 합리성(10)	4	4	4	4					4
		3. 과제구성의 적정성(15)	5) 과제구성체계의 전략성(10)	4	6	6	2차	4	6	6	6	6
			6) 기본사업비 및 인력배분의 적절성 및 전략성(5)	4	6	6	2차	4	6	6	6	6
	II. 기본사업 추진 및 관리체계의 효율성(50)	4. 사업추진 및 관리체계의 적절성(30)	7) 과제별 목토관리 및 진도관리의 효율성(10)	4	4	4	4					4
			8) 기본사업의 성과 극대화를 위한 노력 정도(10)	4	4	4	4					4
			9) 전년도 평가결과의 조치실적(10)	6	4	4	2차	4	4	4	4	4
		5. 사업실적 평가시스템의 적절성(20)	10) 기본사업 평가시스템의 공정성 및 합리성(10)	4	4	4	4					4
			11) 평가결과 활용계획의 구체성 및 실적(10)	4	4	4	4					4
	III. 연구사업 성과의 우수성(95)	6. 기본사업 추진실적 및 성과(50)	12) 연구계획서상의 연구목표 달성도(10)	3	3	3	3					3
			13) 성과의 활용가능성 및 기대되는 파급효과(10)	3	2	3	2차	2	2	3	2	2
			14) 연구논문 실적(10)	2	2	2	2					2
			15) 지적재산권 실적(10)	2	2	2	2					2
			16) 기타 연구성과(10)	2	2	3	2차	2	2	3	2	2
		7. 연구논문의 우수성(15)	17) 기본사업을 제외한 연구논문 실적(15)	2	2	2	2					2
		8. 지적재산권 실적의 우수성(15)	18) 기본사업을 제외한 지적재산권 실적(15)	2	2	2	2					2
		9. 기타 연구사업성과(15)	19) 17)~18)을 제외한 연구사업 성과(15)	2	3	4	2차	3	3	2	3	3
	IV. 연구분야별 전문화의 정도(15)	10. 기관전문화 및 특성화 정도(15)	20) 기관전문화 및 특성화 정도(15)	6	6	6	6					6

구 분	법정평가항목	평가지표	측정지표 (핵심성과지표)	1차 델파이 결과				2차 델파이 결과				최종 BSC 관점별 분류
				A	B	C	종합	A	B	C	종합	
연구·사업분야 (370점)	V. 산, 학, 연 협동연구의 활성화 정도(40)	11. 산, 학, 연 협동연구 및 대외협력(40)	21) 국가R&D 활동의 구심체적 역할 수행을 위한 협동연구 수행전략의 우수성(10)	3	6	4	2차	6	6	6	6	6
			22) 협동연구 실적 및 주요성과(15)	3	3	3	3					3
			23) 연구역량의 경쟁력 및 기술혁신을 위한 대외협력/교류 정도 및 MOU체결기관과의 협력 정도(15)	3	4	4	2차	3	4	3	3	3
	VI. 연구성과 활용·확산의 정도(50)	12. 연구성과관리의 체계성(20)	24) 연구성과 관리시스템의 적정성 및 확산을 위한 기관의 노력 정도(20)	3	4	4	2차	4	4	4	4	4
		13. 연구성과의 활용 및 공공서비스 지원(30)	25) 연구성과의 활용실적(15)	3	3	3	3					3
			26) 기관고유 기능에 부합하는 지원사업 추진실적(15)	3	3	3	3					3
기관운영분야 (175점)	VII. 경영목표의 설정 및 달성의 정도(50)	14. 경영목표 달성도(25)	27) 경영목표 대비 달성도(25)	6	−	6	6					6
		15. 실천계획 수립의 적절성 및 달성(25)	28) 당해연도 실천계획 대비 달성도(25)	6	−	6	6					6
	VIII. 조직 및 인력 관리의 적정성(35)	16. 조직관리의 합리성(10)	29) 연구생산성 향상을 위한 조직관리 노력 정도(10)	5	4	4	2차	4	4	4	4	4
		17. 인력관리 및 업적평가시스템의 합리성(25)	30) 계획 대비 신규인력 증원의 적정성(10)	5	5	5	5					5
			31) 인력관리 제고 노력 정도(5)	5	5	5	5					5
			32) 업적평가시스템 운영의 공정성 및 합리성 제고노력 정도(10)	5	5	5	5					5
	IX. 재정 및 예산관리의 적정성(30)	18. 재정구조의 건전화 노력(30)	33) 재정구조의 안전성 확보 노력(15)	1	1	1	1					1
			34) 퇴직충당금 적립 계획대비 달성도(15)	1	1	1	1					1
	X. 그 밖에 연구기관의 생산성 향상을 위한 경영합리화의 추진정도(60)	19. 경영합리화의 추진정도(20)	35) 기본연봉 대비 성과연봉 비율(5)	1	5	4	2차	5	5	5	5	5
			36) 성과연봉의 차등 정도(5)	1	5	4	2차	5	5	5	5	5
			37) 기타 경영합리화 노력 정도(10)	4	4	4	4					4
		20. 전년도 기관평가결과 개선실적(15)	38) 전년도 기관평가 지적사항에 대한 개선계획의 충실성 및 개선실적(15)	5	4	4	2차	4	4	4	4	4
		21. 자체평가수행의 적정성(25)	39) 자체평가수행의 적정성(25)	4	4	4	4					4
기타 (25점)	XI. 기본사업발전계획 수립의 적정성(25)	22. 기본사업발전계획 수립의 적정성(25)	40) 기본사업 발전계획 수립의 적정성(25)	6	6	6	6					6

2001년도 공공기술연구회 기관평가지표

구 분	법정평가항목	평가지표 (핵심성공요인)	측정지표 (핵심성과지표)	1차 델파이 결과				2차 델파이 결과				최종 BSC 관점별 분류
				A	B	C	종합	A	B	C	종합	
연구·사업분야 (350점)	I. 연구사업 선정의 합리성(65)	1. 사업기획의 적절성(30)	1) 연구개발로셔의 적합성 및 타 국가연구개발사업 또는 수탁사업과의 차별성(10)	6	6	6	6					6
			2) 사업별 연구개발목표 및 내용의 구체성, 적정성(10)	4	6	6	2차	4	6	6	6	6
			3) 국내외 연구개발 동향파악 및 분석결과(기술적·경제적 외부환경변화 및 수요 등)의 반영 여부(10)	4	6	6	2차	6	6	6	6	6
		2. 선정시스템의 합리성(15)	4) 기획·선정절차 및 기준의 합리성(15)	4	4	4	4					4
		3. 과제구성의 적정성(20)	5) 과제구성체계의 전략성(10)	4	4	4	4					4
			6) 기본사업비 및 인력배분의 적절성 및 전략성(10)	4	6	6	2차	4	6	6	6	6
	II. 연구사업 추진 및 관리체계의 효율성(45)	4. 사업추진 및 관리체계의 적절성(20)	7) 사업추진 및 관리체계의 적절성(20)	4	4	4	4					4
		5. 사업실적 평가시스템의 적절성(25)	8) 기본사업 평가시스템의 공정성 및 합리성(15)	4	4	4	4					4
			9) 평가결과 활용계획의 구체성 및 실적(10)	4	4	4	4					4
	III. 연구사업 성과의 우수성(130)	6. 기본사업 추진실적 및 성과(30)	10) 연구계획서상의 연구목표 달성도(15)	3	3	3	3					3
			11) 성과의 활용가능성 및 기대되는 파급효과(15)	3	2	2	2차	2	2	2	2	2
		7. 연구논문의 우수성(30)	12) 연구논문 실적(30)	2	2	2	2					2
		8. 지적재산권 실적의 우수성(30)	13) 지적재산권 실적(30)	2	2	2	2					2
		9. 기타 연구사업성과(40)	14) 대표적 성공사례(40)	3	–	3	3					3
	IV. 산·학·연 협동연구의 활성화 정도(45)	10. 산·학·연 협동연구 및 대외협력(45)	15) 협동연구 실적 및 주요성과(20)	3	3	3	3					3
			16) 연구역량의 경쟁력 및 기술혁신을 위한 대외협력/교류 정도 및 MOU체결기관과의 협력 정도(25)	3	4	4	2차	3	4	3	3	3

구 분	법정평가항목	평가지표 (핵심성공요인)	측정지표 (핵심성과지표)	1차 델파이 결과				2차 델파이 결과				최종 BSC 관점별 분류
				A	B	C	종합	A	B	C	종합	
연구·사업분야 (350점)	V. 연구성과 활용· 확산의 정도(65)	11. 연구성과관리의 체계성(25)	17) 연구성과 관리의 정보화 정도(25)	3	4	4	2차	4	4	4	4	4
		12. 연구성과의 활용 및 공공서비스 지원(40)	18) 연구성과의 활용실적(20)	3	3	3	3					3
			19) 기관고유 기능에 부합하는 지원사업 추진실적(20)	3	3	4	2차	3	3	3	3	3
기관운영분야 (125점)	VI. 경영목표의 설정 및 달성의 정도(35)	13. 경영목표 달성도(20)	20) 경영목표 수립의 적절성(20)	6	–	6	6					6
		14. 실천계획 수립의 적절성 및 달성도(15)	21) 다음연도 실천계획 수립의 적절성(15)	6	6	6	6					6
	VII. 조직 및 인력 관리의 적정성(20)	15. 인력관리 및 업적평가시스템의 합리성(20)	22) 인력관리 제고 노력 정도(신규인력증원의 적정성/기존인력 역량강화 노력/여성과학자 신규 채용실적/직원의 사기진작을 위한 노력)(10)	5	5	5	5					5
			23) 업적평가시스템 운영의 공정성 및 합리성 제고노력 정도(10)	5	5	5	5					5
	VIII. 재정 및 예산관리의 적정성(20)	16. 재정구조의 건전화 노력(20)	24) 재정의 안전성 확보 노력(10)	1	1	1	1					1
			25) 재정의 건전성 확보 노력(10)	1	1	1	1					1
	IX. 그 밖에 연구기관의 생산성 향상을 위한 경영합리화의 추진 정도(50)	17. 경영합리화의 추진정도(10)	26) 경영합리화 추진정도(10)	4	4	4	4					4
		18. 전년도 기관평가결과 개선실적 (20)	27) 전년도 기관평가 지적사항에 대한 개선실적(10)	6	4	4	2차	4	4	4	4	4
			28) 감사원 감사 지적사항에 대한 개선실적(10)	6	4	4	2차	4	4	4	4	4
		19. 자체평가수행의 적정성(20)	29) 평가자료의 정확성 및 자체평가 수행의 적절성(20)	4	4	4	4					4
기타(25점)	X. 기능정립 이행 정도 (25)	20. 기능적립방안 이행 노력(25)	30) 기본사업 발전계획 후속이행 실적(25)	6	–	6	6					6

2002년도 공공기술견구회 기관평가지표

구 분	법정평가항목	평가지표 (핵심성공요인)	측정지표 (핵심성과지표)	1차 델파이 결과				2차 델파이 결과				최종 BSC 관점별 분류
				A	B	C	종합	A	B	C	종합	
연구사업분야 (15점)	I. 연구개발방향 및 전략(15점)	1. 연구분야 선정 및 추진전략의 적정성(10)	1) 중장기발전계획, 기본사업 발전계획 등 중점연구분야 선정의 적절성	6	6	4	2차	6	6	6	6	6
		2. 연구 / 사업의 중점연구분야와의 부합성(5)	2) 중점연구분야와 주요 연구사업 간의 연계성	4	6	6	2차	6	6	6	6	6
기관운영분야 (20점)	II. 자원운용의 전략성(20)	3. 인력운용의 적정성(7)	3) 경력개발, 동기부여 등 인력관리	5	5	5	5					5
			4) 업적평가시스템 운영	5	5	5	5					5
		4. 예산운용의 적정성(6)	5) 재정의 안정성 및 건전성 확보 노력	1	1	1	1					1
		5. 연구기장치 및 시설 운용의 적절성(7)	6) 주요 연구기장비 및 시설 운영의 적절성	4	4	4	4					4
			7) 타 연구주체와의 공동활용 체제 및 실적	4	4	4	4					4
연구사업분야 (85점)	III. 연구 / 사업성과의 우수성(50)	6. 연구/사업의 성과(40)	8) 연구기관별 고유한 특성을 반영할 수 있는 연구성과	2	3	3	2차	2	2	2	2	2
			9) 논문 및 지적재산권	2	2	2	2					2
		7. 대표적 성공사례(10)	10) 대표적 성공사례	2	–	3	2차	2		2	2	2
	IV. 지식이전(15)	8. 지식이전 및 확산체계의 우수성(5)	11) 기술이전, 공공서비스 등 지식이전 체계 및 전략	4	2	2	2차	4	2	2	2	2
		9. 지식이전 및 성과확산 실적(10)	12) 협동연구 추진 실적	4	3	2	2차	3	3	3	3	3
			13) 기술이전, 경책반영 등 연구성과의 활용실적	4	2	3	2차	3	2	3	3	3
			14) 시험 · 평가 등 공공서비스 실적	4	3	2	2차	3	3	3	3	3
	V. 기타(20)	10. 당해연도 실천계획 대비 달성도(5)	15) 당해연도 사업계획 추진실적	6	–	6	6					6
		11. 차년도 실천계획 수립의 적절성(5)	16) 기획평가위원회 차년도 사업계획 및 예산(안) 평가결과 반영	6	6	6	6					6
		12. 수요자 만족도(10)	17) 외부 전문기관 의뢰	2	–	3	2차	3		3	3	3

〈부록 2〉

일련번호		

기관평가제도에 대한 조사표

안녕하십니까?

본 설문지는 귀 기관의 바람직한 기관평가지표 도출을 위해 작성된 **학술용** 조사입니다. 귀하의 응답결과는 통계처리를 통해 오직 연구자료만으로 사용될 것이며, 그 외의 어떤 목적으로도 사용되지 않을 것임을 약속드립니다.

이 조사와 관련하여 문의사항이 있으시면 아래의 주소로 연락 주시면 상세히 알려드리겠습니다.

설문을 완료하신 후 그 결과를 아래의 E-Mail이나 Fax로 2004년 9월 24일(금)까지 송부해 주시면 감사하겠습니다.

2004년 9월

◆ 연 구 자 : 국민대학교 대학원 박사과정 김병태
KISTEP 국책연구사업관리단 연구관리2팀장
◆ 연 락 처 : 전화 : (02) 589-2843, 019-468-2843
Fax : (02) 589-2870
E-Mail : kimtae@kistep.re.kr
◆ 지도교수 : 국민대학교 경영학부 교수 남영호

〈기초기술연구회용〉

I. 관점별 적정성 조사

※ 최근의 기관평가지표를 아래의 6개 관점별로 재분류하였습니다. 귀하가 생각하시는 귀 기관의 기관평가지표별 가중치 배점을 기재하여 주시기 바랍니다. (주의사항: 설문자 적정배점의 소계를 기존배점과 일치하실 필요는 없습니다)

현행 기관평가제도에서 사용 중인 기관평가지표를 대분류하면 아래와 같이 6개 관점으로 나눌 수 있습니다.

① **장기성과관점**: 수혜자에게 제공되는 시간이 장기적인 연구성과물 (예: 논문)
② **단기성과관점**: 수혜자에게 제공되는 시간이 단기적인 연구성과물 (예: 기술이전)
③ **재무안정성관점**: 안정적인 예산확보 노력 (예: 재원확보 노력)
④ **전략방향관점**: 기관의 미션 달성을 위한 구체적인 전략방향 (예: 장기비전)
⑤ **인적자원관점**: 인력 질의 향상 노력 (예: 전문인력 운영의 적정성)
⑥ **내부프로세스관점**: 효율적인 연구관리 추진 시스템 (예: 인프라 구축상태)

<설문 항목>

구분	현행 기관평가지표	기존 배점	설문자 적정배점
장기 성과	연구사업의 성과의 우수성 - 과학기술적 성과(특허, 논문) - 기본사업(일반사업 포함) 추진성과	35	
	연구장비·시설 운용의 적정성 - 연구장비·시설·인프라의 운영실적 - 연구장비·시설 자립기반 제고 노력	5	
	대표적 성공 및 부진 사례 - 과학기술적 가치, 경제사회적 파급효과 - 부진사례의 발전적 활용 노력	15	
소 계		55	
단기 성과	지식이전 및 성과확산 실적 - 연구결과 활용 실적 - 기관역할 제고활동 및 성과	10	
	연구·협력네트워킹 수준 - 산학연 / 국제 / 지역 / 남북 간 연구협력망 구축현황 - 각종 연구·협력실적 및 성과	10	
소 계		20	
재무	예산운용의 적정성 - 예산운용 전략, 안정성, 성장성 - 예산(결산)운용의 건전성	5	
소 계		5	
전략 방향	연구사업분야 선정 및 추진전략의 적정성 - 국가전략목표와 기관발전목표와의 부합성 - 연구사업분야의 타당성 검토	5	
	연구사업의 중점연구분야 부합성 - 전체연구사업의 중점분야 부합성 - 인력, 예산, 과제의 중점연구분야 집중도	3	
소 계		8	

구분	현행 기관평가지표	기존 배점	설문자 적정배점
인력	인력운용의 적정성 - 우수인력 확보 노력 - 인력구조, 인력유동성, 인력관리의 적정성	5	
	소 계	5	
프로세스	연구사업 추진계획 및 관리시스템의 적정성 - 사업별 추진목표, 방향 및 전략 - 사업별 기획, 진도관리 및 평가시스템	2	
	지식이전 및 성과확산의 우수성 - 지식이전 및 성과확산 체계의 우수성 - 지식정보축적, 공유체계의 우수성	5	
	소 계	7	
	총 계	100	-

<공공기술연구회용>

Ⅰ. 관점별 적정성 조사

※ 최근의 기관평가지표를 아래의 6개 관점별로 재분류하였습니다. 귀하가 생각하시는 귀 기관의 기관평가지표별 가중치 배점을 기재하여 주시기 바랍니다. (주의사항: 설문자 적정배점의 소계를 기존배점과 일치하실 필요는 없습니다)

현행 기관평가제도에서 사용 중인 기관평가지표를 대분류하면 아래와 같이 6개 관점으로 나눌 수 있습니다.

① 장기성과관점: 수혜자에게 제공되는 시간이 장기적인 연구성과물
　　　　　　　 (예: 논문)
② 단기성과관점: 수혜자에게 제공되는 시간이 단기적인 연구성과물
　　　　　　　 (예: 기술이전)
③ 재무안정성관점: 안정적인 예산확보 노력 (예: 재원확보 노력)
④ 전략방향관점: 기관의 미션 달성을 위한 구체적인 전략방향
　　　　　　　 (예: 장기비전)
⑤ 인적자원관점: 인력 질의 향상 노력 (예: 전문인력 운영의 적정성)
⑥ 내부프로세스관점: 효율적인 연구관리 추진 시스템
　　　　　　　　　 (예: 인프라 구축상태)

<설문 항목>

구분	현행 기관평가지표	기존 배점	설문자 적정배점
장기 성과	연구 / 사업의 성과 - 기관별 특성을 반영할 수 있는 연구성과 - 논문 및 지적재산권	40	
	지식이전 및 확산체계의 우수성 - 기술이전, 공공서비스 등 지식이전 체계 및 전략	5	
	대표적 성공사례 - 대표적 성공사례	10	
	소　계	55	
단기 성과	지식이전 및 성과확산 실적 - 협동연구 추진실적 - 기술이전, 정책반영, 시험평가 등 성과의 활용실적	10	
	수요자 만족도 - 수요자 만족도	10	
	소　계	20	
재무	예산운용의 적정성 - 재정의 안정성 및 건전성 확보 노력	6	
	소　계	6	
전략 방향	연구분야 선정 및 추진전략의 적정성 - 중장기발전계획, 기본사업 발전계획 등 중점 연구분야 선정의 적절성	10	
	연구 / 사업의 중점연구분야와의 부합성 - 중점연구분야와 주요 연구사업 간의 연계성	5	
	당해연도 실천계획 대비 달성도 - 당해연도 사업계획 추진실적	5	
	차년도 실천계획 수립의 적절성 - 기획평가위원회 차년도 사업계획 및 예산(안) 평가결과 반영	5	
	소　계	25	

구분	현행 기관평가지표	기존 배점	설문자 적정배점
인력	인력운용의 적정성 - 경력개발, 동기부여 등 인력관리 - 업적평가시스템 운영	7	
	소　계	7	
프로 세스	연구기장치 및 시설 운용의 적정성 - 주요 여구기장비 및 시설 운영의 적절성 - 타 연구주체와의 공동활용 체제 및 실적	7	
	소　계	7	
	총　계	120	1

<산업기술연구회용>

Ⅰ. 관점별 적정성 조사

※ 최근의 기관평가지표를 아래의 6개 관점별로 재분류하였습니다. 귀하가 생각하시는 귀 기관의 기관평가지표별 가중치 배점을 기재하여 주시기 바랍니다. (주의사항: 설문자 적정배점의 소계를 기존배점과 일치하실 필요는 없습니다)

　현행 기관평가제도에서 사용 중인 기관평가지표를 대분류히면 아래와 같이 6개 관점으로 나눌 수 있습니다.

① **장기성과관점:** 수혜자에게 제공되는 시간이 장기적인 연구성과물 (예: 논문)
② **단기성과관점:** 수혜자에게 제공되는 시간이 단기적인 연구성과물 (예: 기술이전)
③ **재무안정성관점:** 안정적인 예산확보 노력 (예: 재원확보 노력)
④ **전략방향관점:** 기관의 미션 달성을 위한 구체적인 전략방향 (예: 장기비전)
⑤ **인적자원관점:** 인력 질의 향상 노력 (예: 전문인력 운영의 적정성)
⑥ **내부프로세스관점:** 효율적인 연구관리 추진 시스템 (예: 인프라 구축상태)

<설문 항목>

구분	현행 기관평가지표	기존 배점	설문자 적정배점
장기 성과	사업의 성과의 우수성 - 우수 특허 등록 - 논문발표 사례	10	
	소 계	10	
단기 성과	사업성과의 우수성 - 대표적 성공사례 - 대표적 실패사례	10	
	사업성과의 우수성 - 차기 프로그램과 연계 - 사업성과의 기여도	6	
	사업성과의 우수성 - 기술료 수입규모	10	
	사업성과의 우수성 - 고객만족도	7	
	소 계	33	
재무	사업성과의 우수성 - 사업 수행고 성장의 적정성	7	
	예산관리 시스템 - 종합예산관리의 핵심기능 활성화 수준	4	
	소 계	11	
전략 방향	사업구조의 적합성 - 기관고유임무와 수행사업의 연계성 - 사업목표의 선명성 - 사업구성의 균형성	10	
	소 계	10	

구분	현행 기관평가지표	기존 배점	설문자 적정배점
인력	전문인력 운용의 적정성 - 과제책임자 리더십 및 전문성 - 우수 연구집단의 탁월성 수준 - 연구역량 개발을 위한 노력	10	
인력	인력구성의 건전성 - 직급별 구조 및 노후화 정도 - 인력증감요인 및 인력구성비율 - 조직 내 화합노력	10	
소　계		20	
프로세스	예산관리 시스템 - 고정자산 활용의 총괄관리	3	
	사업관리 시스템 - 사업 마케팅 과정 및 기획·선정의 건전성 - 연구수행 과정 및 성과평가의 합리성 - 연구결과의 홍보·확산 노력	7	
	보상 및 기반 시스템 - 보상 시스템의 유효성 - 국내·외 네트워킹 수준	6	
소　계		16	
총　계		100	－

<3개 연구회 공통사항>

Ⅱ. 기관평가제도의 전반적인 사항 조사

※ 다음은 현행 기관평가제도에 대한 전반적인 사항에 대한 질문입
니다. 해당되는 곳에 ✔표로 괄호에 체크하여 주시기 바랍니다.

1. 귀하가 소속한 부서는?

① 연구관리부서(   )　　② 기획부서(   )　　③ 예산부서(   )

④ 회계부서(   )　　　　⑤ 인사부서(   )　　⑥ 기타(   )

2. 귀하의 직급은?

① 원급(   )　　　　② 선임급(   )

③ 책임급(   )　　　④ 기타(   )

3. 귀하가 업무와 관련하여 연구회에서 매년 실시하는 기관평가자
료 작성을 위해 자료를 작성한 경험이 있습니까?

① 최근 3년간 한 번 작성하였다(   )

② 최근 3년간 두 번 작성하였다(   )

③ 매년 작성하고 있다(   )

④ 작성한 경험이 없다(   )

4. 귀하가 귀 기관에서의 근속연도는 얼마입니까?

① 3년 이내( )　　　　　② 3~5년 이내( )

③ 5~10년 이내( )　　　　④ 10~20년 이내( )

⑤ 20년 이상( )

5. 귀 기관이 소속한 연구회에서 기관평가제도 개선을 위하여 귀 기관의 의견 청취를 위한 회의나 개선작업이 연간 몇 회 있었습니까?

① 1회( )　　　　　② 2회( )

③ 3회( )　　　　　④ 4회 이상( )

6. 귀 기관이 기관평가 자료를 작성하는 데 투입하는 평균 시간은 얼마입니까?

① 7일 미만( )　　　　　② 7~15일 미만( )

③ 15~30일 미만( )　　　④ 30~60일 미만( )

⑤ 60일 이상( )

7. 현행 기관평가제도에서 평가지표의 개수가 적당하다고 생각하십니까?

① 매우 많은 편이다( )　　② 많은 편이다( )

③ 보통이다( )　　　　　④ 적은 편이다( )

⑤ 매우 적은 편이다( )

8. 현행 기관평가제도는 매년마다 실시하고 있습니다. 평가시기는 얼마 정도가 적당하다고 생각하십니까?

① 현행대로 1년으로 한다( )　　② 2년에 한 번 실시한다( )

③ 3년에 한 번 실시한다( )　　④ 4년 이상에 한 번 실시한다( )

182

9. 현행 기관평가제도는 비계량적인 성과도 적절히 반영되었다고
생각하십니까?
　① 매우 잘 반영되었다(　)　　② 잘 반영되었다(　)
　③ 보통이다(　)　　　　　　　④ 잘 반영되지 않았다(　)
　⑤ 매우 잘 반영되지 않았다(　)

10. 현행 기관평가제도는 정량적 평가와 정성적 평가가 균형을 이
루어 구성되었다고 생각하십니까?
　① 매우 잘 구성되었다(　)　　② 잘 구성되었다(　)
　③ 보통이다(　)　　　　　　　④ 잘 구성되지 않았다(　)
　⑤ 매우 잘 구성되지 않았다(　)

11. 현행 기관평가제도는 당해연도 평가제도의 문제점과 보완사항
이 차년도의 평가제도에 피드백되어 반영되고 있다고 생각하십니까?
　① 매우 잘 반영되었다(　)　　② 잘 반영되었다(　)
　③ 보통이다(　)　　　　　　　④ 잘 반영되지 않았다(　)
　⑤ 매우 잘 반영되지 않았다(　)

12. 현행 기관평가제도는 연구기관이 달성해야 할 전략과 비전이
적절히 반영되었다고 생각하십니까?
　① 매우 잘 반영되었다(　)　　② 잘 반영되었다(　)
　③ 보통이다(　)　　　　　　　④ 잘 반영되지 않았다(　)
　⑤ 매우 잘 반영되지 않았다(　)

13. 현행 기관평가제도는 연구기관별 특성을 고려하여 평가지표가 구성되었다고 생각하십니까?

　① 매우 잘 고려되었다(　)　　② 잘 고려되었다(　)

　③ 보통이다(　)　　　　　　　④ 잘 고려되지 않았다(　)

　⑤ 매우 고려되지 않았다(　)

14. 현행 기관평가제도에서 크게 연구사업분야와 기관운영분야로 구분해서 평가가 이루어지는데, 두 개 분야의 배점이 적절하다고 생각하십니까?

　① 매우 적절하다(　)　　　　② 적절하다(　)

　③ 보통이다(　)　　　　　　　④ 미흡하다(　)

　⑤ 매우 미흡하다(　)

15. 현행 기관평가지표와 가중치는 사전(事前)에 피평가자와 충분한 합의로 구성되었다고 생각하십니까?

　① 충분히 합의되었다(　)　　② 합의되었다(　)

　③ 보통이다(　)　　　　　　　④ 합의가 미흡하였다(　)

　⑤ 합의가 많이 미흡하였다(　)

16. 과거 3년간 기관평가지표의 가중치 변화가 연도별로 일관성이 있다고 생각하십니까?

　① 매우 일관성이 있다(　)　　② 일관성이 있다(　)

　③ 보통이다(　)　　　　　　　④ 일관성이 없다(　)

　⑤ 매우 일관성이 없다(　)

17. 현행 기관평가제도의 평가지표가 정확히 서술되어 피평가자가 충분히 이해할 수 있도록 구성되었다고 생각하십니까?

　① 매우 잘 구성되었다(　)　　　　② 잘 구성되었다(　)

　③ 보통이다(　)　　　　　　　　④ 잘 구성되지 않았다(　)

　⑤ 매우 잘 구성되지 않았다(　)

Ⅲ. 기타 사항

※ 현행 기관평가제도 시행 시 실제로 느끼고 있는 애로사항과 발전적 건의사항에 대하여 서술하여 주시기 바랍니다.

설문에 답하여 주셔서 대단히 감사합니다.

☞ 본 설문지를 팩스 또는 e-mail로 조속히 송부해 주시기 바랍니다.

연구기관별 기술통계량

〈기초기술연구회〉

1. 한국과학기술연구원

	long	short	finance	plan	human	rocess
평 균	41.028333	20.121667	6.141667	21.570000	5.993333	5.145000
표준편차	8.7427661	2.6705155	3.7131804	6.0308973	1.3859213	0.8569082

2. 한국생명공학연구원

	long	short	finance	plan	human	rocess
평 균	54.003333	19.993333	4.567778	7.783333	5.731111	7.921111
표준편차	4.8249326	2.3999792	0.6819967	1.6876611	2.3072031	2.1877125

3. 한국기초과학지원연구원

	long	short	finance	plan	human	rocess
평 균	51.0	24.0	3.2	7.8	6.6	7.4
표준편차	5.4772256	5.4772256	1.3038405	0.8366600	1.5165751	0.5477226

4. 한국천문연구원

	long	short	finance	plan	human	rocess
평 균	54.578	17.158	4.422	10.484	5.684	7.674
표준편차	2.848758	4.397138	1.292447	3.291091	1.529470	1.310107

〈공공기술연구회〉

1. 한국항공우주연구원

	long	short	finance	plan	human	rocess
평 균	41.448958	16.961458	5.773958	22.203125	7.419792	6.191667
표준편차	3.022880	5.042453	1.828871	2.428125	3.921271	2.241505

2. 한국해양연구원

	long	short	finance	plan	human	rocess
평 균	39.420833	18.587500	7.031944	23.052778	6.776389	5.129167
표준편차	10.581791	7.547812	3.541729	4.018142	2.818956	1.054353

3. 한국에너지기술연구원

	long	short	finance	plan	human	rocess
평 균	41.989286	18.665476	5.444048	22.004762	6.089286	5.808333
표준편차	4.488733	5.038340	1.979494	3.652954	1.299330	1.289371

4. 한국지질자원연구원

	long	short	finance	plan	human	rocess
평 균	40.115278	24.156944	5.065278	19.862500	6.433333	4.370833
표준편차	8.606858	7.301133	1.875599	5.579192	2.369699	1.232959

5. 한국건설기술연구원

	long	short	finance	plan	human	rocess
평 균	39.363095	24.414286	4.641667	21.320238	5.129762	5.129762
표준편차	5.0201351	5.4985535	0.3695280	2.5822213	0.9174726	0.9174726

6. 한국철도기술연구원

	long	short	finance	plan	human	rocess
평 균	42.461667	20.800000	6.036667	19.856667	6.203333	4.643333
표준편차	5.2575330	6.9123606	1.0362626	2.7863968	0.8836202	1.1250833

7. 한국표준과학연구원

	long	short	finance	plan	human	rocess
평 균	41.655208	17.233333	6.030208	21.533333	8.555208	4.992708
표준편차	9.336375	5.127335	2.697371	4.859102	2.750635	2.680031

8. 한국과학기술정보연구원

	long	short	finance	plan	human	rocess
평 균	41.028333	20.121667	6.141667	21.570000	5.993333	5.145000
표준편차	8.7427661	2.6705155	3.7131804	6.0308973	1.3859213	0.8569082

〈산업기술연구회〉

1. 한국한의학연구원

	long	short	finance	plan	human	rocess
평 균	12.274	32.246	11.422	9.778	18.944	15.336
표준편차	2.800505	2.500006	3.577027	1.873211	3.437213	2.845792

2. 한국생산기술연구원

	long	short	finance	plan	human	rocess
평 균	5.883333	38.631667	12.480000	11.488333	16.155000	15.360000
표준편차	2.857423	6.769261	2.506615	4.700351	4.811140	3.078474

3. 한국전자통신연구원

	long	short	finance	plan	human	rocess
평 균	11.982857	34.400000	9.260000	8.135714	20.035714	16.184286
표준편차	1.748968	7.664379	2.892663	2.142653	6.589259	2.925097

4. 한국식품개발연구원

	long	short	finance	plan	human	rocess
평 균	10.456	31.056	10.892	11.356	19.144	17.094
표준편차	1.630439	2.889625	1.337561	1.858717	1.177574	1.883661

5. 한국기계연구원

	long	short	finance	plan	human	rocess
평 균	10.527778	35.020000	8.913333	11.420000	16.853333	17.264444
표준편차	1.572806	3.455329	1.783648	4.147840	2.016922	3.186943

6. 한국전기연구원

	long	short	finance	plan	human	rocess
평 균	11.84875	35.29625	9.68375	11.13000	16.37125	15.66875
표준편차	4.161183	3.072890	1.065899	1.884539	3.476157	3.449449

7. 한국화학연구원

	long	short	finance	plan	human	rocess
평 균	15.850000	37.682857	8.307143	8.204286	16.335714	13.620000
표준편차	5.515962	6.022139	3.033132	2.473822	3.327771	3.515826

8. 국가보안기술연구소

	long	short	finance	plan	human	rocess
평 균	10.795	33.430	10.045	11.820	14.545	19.365
표준편차	6.432420	6.996180	1.102739	2.101555	6.298891	3.885567

<부록 4>

기관평가제도에 대한 전반적인 설문 결과

(단위: %)

설문 항목	설문 결과					계
	충분히 합의됨	합의됨	보통	합의 되지 않음	전혀 합의되지 않음	
피평가자와 사전 합의 여부	1 (0.8)	21 (16.2)	51 (39.2)	52 (40)	5 (3.8)	130 (100)
기관특성의 고려 여부	0 (0)	9 (6.9)	46 (35.4)	53 (40.8)	22 (16.9)	130 (100)
미션의 반영 여부	0 (0)	29 (22.3)	64 (49.2)	34 (26.2)	3 (2.3)	130 (100)
피드백 여부	1 (0.8)	31 (23.8)	56 (43.1)	41 (31.5)	1 (0.8)	130 (100)
지표(수)의 단순화 여부	0 (0)	3 (2.3)	35 (26.9)	72 (55.4)	20 (15.4)	130 (100)
계량·비계량 지표의 조화 여부	1 (0.8)	12 (9.2)	67 (51.5)	42 (32.3)	8 (6.2)	130 (100)
지표의 일관성 여부	1 (0.8)	23 (17.7)	66 (50.8)	37 (28.5)	4 (3.1)	130 (100)

· 저자 ·

김병태

· 약 력 ·
경희대학교 경영학사
경희대학교 경영학석사
국민대학교 경영학박사
경희대학교 시간강사 역임
(현) 한국과학기술기획평가원 연구위원

· 주요논저 ·
「국가연구개발사업비 집행실태 분석에 관한 연구」
 /경영컨설팅연구/한국경영컨설팅학회/제4권-1호/2004.3
「국가연구비에 대한 부가가치세의 합리적 회계처리방안」
 /경영컨설팅연구/한국경영컨설팅학회/제5권-1호/2005.3
「과학기술계 출연연구기관 기관평가지표의 BSC 관점 분석」
 /기술혁신연구/기술경영경제학회/제13호-1호/2005.6
「BSC 관점을 활용한 출연연구기관 평가제도의 수용성 연구」
 /기술혁신학회지/기술혁신학회/제8권-3호/2005.12
「출연연구기관의 연구회단위 기관평가제도의 적합성 분석」
 /기술혁신연구/기술경영경제학회/제14-3호/2006.12
「Comparative Studies of the Accounting and Management System
 of R&D investment between Government-funded Research
 Institutes and Major Universities」/The R&D Management
 Conference 2006 Taiwan/2006.11
「Gyeonggi Do's Regional Innovation System: International
 comparison and policy implications」/ 4th ASIALICS International
 Conference 2007 Kuala Lumpur/2007.7

BSC를 활용한 출연연구기관 기관평가제도의 유효성:
기관평가지표분석을 중심으로

• 초판 인쇄	2007년 12월 5일
• 초판 발행	2007년 12월 5일
• 지 은 이	김병태
• 펴 낸 이	채종준
• 펴 낸 곳	한국학술정보㈜
	경기도 파주시 교하읍 문발리 513-5
	파주출판문화정보산업단지
	전화 031) 908-3181(대표) · 팩스 031) 908-3160
	홈페이지 http://www.kstudy.com
	e-mail(출판사업부) publish@kstudy.com
• 등 록	제일산-115호(2000. 6. 19)
• 가 격	22,000원

ISBN   978-89-534-7841-1 93320 (Paper Book)
       978-89-534-7842-8 98320 (e-Book)